职业院校汽车类“十三五”
微课版规划教材

汽车营销基础与实务

附微课视频

唐馨 / 主编
姜晓菲 尉剑婷 曹艺婷 吕玉萍 / 副主编

人 民 邮 电 出 版 社
北 京

图书在版编目（CIP）数据

汽车营销基础与实务 : 附微课视频 / 唐馨主编. -- 北京 : 人民邮电出版社, 2020.7
职业院校汽车类“十三五”微课版规划教材
ISBN 978-7-115-52927-5

Ⅰ. ①汽… Ⅱ. ①唐… Ⅲ. ①汽车－市场营销学－高等职业教育－教材 Ⅳ. ①F766

中国版本图书馆CIP数据核字(2019)第289534号

内 容 提 要

本书系统地讲解了汽车营销基础与实务的相关知识。全书分为汽车营销基础和汽车营销实务两大部分，共有 8 个项目，包括认识和分析市场、汽车购买行为分析、汽车营销组合策略、汽车网络营销策略、岗位准备、沟通和推介、签约与交车、汽车衍生服务。本书内容由浅入深，循序渐进，既不片面追求理论的完整性，又不遗漏相关知识点，同时注重应用。本书附有丰富的营销实务案例以及视频、音频等学习资源，有利于读者学习并拓展相关知识。

本书可作为高职高专院校的汽车营销与服务专业的基础课程教材，也可作为企业相关人员自学或参考用书。

◆ 主　　编　唐　馨
副 主 编　姜晓菲　尉剑婷　曹艺婷　吕玉萍
责任编辑　王丽美
责任印制　马振武

◆ 人民邮电出版社出版发行　　北京市丰台区成寿寺路 11 号
邮编　100164　　电子邮件　315@ptpress.com.cn
网址　https://www.ptpress.com.cn
北京盛通印刷股份有限公司印刷

◆ 开本：787×1092　1/16
印张：11.75　　2020 年 7 月第 1 版
字数：376 千字　　2024 年 12 月北京第 6 次印刷

定价：39.80 元

读者服务热线：(010)81055256　印装质量热线：(010)81055316
反盗版热线：(010)81055315
广告经营许可证：京东市监广登字 20170147 号

前　言

汽车营销与服务产业作为现代服务业的重要组成部分，在我国汽车行业的发展进程中取得了长足的进步，也面临着更多的挑战。调查显示，汽车营销作为汽车服务业中重要的职业岗位，对人才技术技能的要求也在不断提高，懂技术、善营销、会管理的复合型人才最为紧缺。这也对职业院校相关专业人才的培养提出了更高的要求。

基于党的二十大报告中关于“深入实施人才强国战略”的要求，为了反映汽车营销专业的发展，使学生更多地了解和掌握新技术及相关技能，毕业后能适应各品牌的营销岗位要求，编者在从行业工作实际出发、明确定位高职汽车营销课程培养目标的基础上，综合参考多家汽车公司的培训资料，编写了本书。本书将实际工作情境提炼为学习任务，使培养过程实现“知行合一”。力求做到突出销售顾问职业岗位能力，兼顾管理岗位需求，并以任务引领的方式进行能力拓展。

本书分为汽车营销基础（项目一～项目四）和汽车营销实务（项目五～项目八）两大部分，共8个项目。汽车营销基础部分对汽车营销岗位所需的营销基础知识进行了简洁明了的阐述，分为认识和分析市场、汽车购买行为分析、汽车营销组合策略、汽车网络营销策略4个项目。汽车营销实务部分介绍了在营销工作岗位中的具体方法，分别是：岗位准备、沟通和推介、签约与交车、汽车衍生服务。

本书除纸质文本外，还同步开发了电子教学资源库，并附有丰富的企业案例文件，可以充分满足教学一线的需求。这些资源以二维码的形式穿插在书中相应位置，读者可通过手机等移动终端扫描二维码免费观看。

本书参考学时为80学时，建议采用“理论与实践一体化”的教学模式。各项目建议学时分配如下表。

项目		学时分配
第一部分 汽车营销基础	项目一　认识和分析市场	12
	项目二　汽车购买行为分析	4
	项目三　汽车营销组合策略	12
	项目四　汽车网络营销策略	6
第二部分 汽车营销实务	项目五　岗位准备	10
	项目六　沟通和推介	20
	项目七　签约与交车	10
	项目八　汽车衍生服务	6
合计		80

本书由烟台工程职业技术学院唐馨任主编，姜晓菲、尉剑婷、曹艺婷、吕玉萍任副主编。其中，项目二由尉剑婷编写，项目四由姜晓菲编写，项目五由曹艺婷编写，项目八由吕玉萍编写（项目八的视频资源由王江兰主讲），其他部分由唐馨编写。唐馨负责全书的统稿工作。本书编写期间得到了烟台东联汽车销售有限公司谢云霞的大力支持，在此表示诚挚的感谢。

由于编者的编写经验和水平有限，书中难免存在不足之处，恳切希望广大读者对本书提出宝贵意见和建议，以便修订时加以完善。

编者

2023年5月

数字资源列表

项目一　认识和分析市场

序号	资源名称	页码	类型
1-1	市场的概念	2	微课视频
1-2	汽车市场营销的概念	3	微课视频
1-3	汽车市场营销的意义	3	音频
1-4	市场营销观念与传统营销观念的区别	3	音频
1-5	市场营销宏观环境的认知	8	微课视频
1-6	人口环境	8	音频
1-7	自然环境与汽车使用环境	9	动画
1-8	市场营销微观环境的认知	10	微课视频
1-9	市场营销环境的应对策略	12	微课视频
1-10	市场细分的作用	14	微课视频
1-11	市场细分的步骤（麦卡锡）	15	音频
1-12	目标市场的评估和选择	17	音频
1-13	目标市场的选择策略	17	微课视频
1-14	目标市场选择策略的影响因素	18	音频
1-15	市场定位策略	19	微课视频
1-16	市场定位的一般步骤	19	音频

项目二　汽车购买行为分析

序号	资源名称	页码	类型
2-1	客户需要的特征	23	音频
2-2	汽车客户需要的类型	24	微课视频
2-3	一般性购买动机	25	微课视频
2-4	汽车客户的购买动机	25	微课视频
2-5	汽车客户的购买决策过程——认识需要	31	微课视频
2-6	汽车客户的购买决策过程——搜集信息	32	微课视频
2-7	汽车客户的购买决策过程——评价方案	32	音频
2-8	汽车客户的购买决策过程——购买决策	33	微课视频
2-9	汽车客户的购买决策过程——购后感受	33	微课视频

项目三　汽车营销组合策略

项目四　汽车网络营销策略

项目五　岗位准备

续表

序号	资源名称	页码	类型
5-4	领带的系法	89	微课视频
5-5	销售顾问形象礼仪——站姿和坐姿	90	微课视频
5-6	坐姿的标准	90	案例视频
5-7	销售顾问仪态礼仪——鞠躬和蹲姿	91	微课视频
5-8	蹲姿的标准	92	案例视频
5-9	行姿与会面礼仪	92	案例视频
5-10	销售顾问握手礼仪	93	微课视频
5-11	潜在客户开发	95	微课视频
5-12	展厅与展车的准备	99	微课视频

项目六　沟通和推介

序号	资源名称	页码	类型
6-1	客户接待流程	102	微课视频
6-2	如何激发进展厅客户的谈话兴趣——FROM 法则	103	案例视频
6-3	与客户沟通的技巧	104	动画
6-4	接近客户的技巧	104	案例视频
6-5	需求分析的流程	107	微课视频
6-6	需求分析中提问的技巧	108	微课视频
6-7	挖掘客户重点关注的因素	111	案例视频
6-8	推心置腹法探询客户购车的预算	112	案例视频
6-9	六方位绕车介绍法	114	微课视频
6-10	FAB 法	116	微课视频
6-11	如何进行静态展示——关键要素介绍法	117	案例视频
6-12	产品介绍时注意激发客户的兴趣	117	案例视频
6-13	劝说不宜试驾客户的技巧——动之以情，晓知以理	119	案例视频
6-14	试乘试驾准备	120	微课视频
6-15	试驾过程的安全高于一切	120	音频
6-16	试乘试驾过程	121	微课视频
6-17	试驾后积极征询客户评价	123	案例视频
6-18	客户异议处理	125	微课视频
6-19	挖掘客户真实想法	126	案例视频
6-20	异议处理的重要性	126	音频
6-21	对于客户疑问无法立即回复的应对技巧	127	案例视频
6-22	异议处理的策略	127	案例视频
6-23	异议处理的方法——客户提出车辆价格贵	130	案例视频
6-24	异议处理的方法——客户要求打折或优惠	130	案例视频

续表

序号	资源名称	页码	类型
6-25	持币观望客户的应对	131	案例视频
6-26	异议处理的方法——相似配置的其他车型更便宜	131	案例视频
6-27	如何评价竞争对手的车型	131	案例视频

项目七　签约与交车

序号	资源名称	页码	类型
7-1	交易促成	135	微课视频
7-2	直接促成法	136	音频
7-3	紧张促成法	140	案例视频
7-4	优化购车方案以促成交易	141	案例视频
7-5	价格谈判时的注意事项	143	动画
7-6	交车前的准备工作	145	音频
7-7	交车流程	146	微课视频
7-8	顺利交车的流程细节	147	微课视频
7-9	交车时的具体验收项目	147	音频
7-10	交车时引荐售后服务专员	148	案例视频
7-11	售后服务的重要性	150	音频
7-12	售后服务	151	微课视频
7-13	售后服务的时机及内容	152	音频
7-14	了解汽车售后服务的义务	153	音频
7-15	抱怨投诉（客户抱怨售后服务态度差）处理技巧	154	案例视频

项目八　汽车衍生服务

序号	资源名称	页码	类型
8-1	汽车消费信贷的认识	159	微课视频
8-2	贷款前调查的内容	161	音频
8-3	申请汽车消费信贷的条件	161	音频
8-4	汽车消费信贷的期限	162	音频
8-5	汽车消费信贷的程序	162	微课视频
8-6	汽车消费信贷的偿还	167	微课视频
8-7	车险险种的选择	170	微课视频
8-8	交通事故责任强制保险	170	微课视频
8-9	第三者责任险	170	微课视频
8-10	机动车损失险	171	微课视频
8-11	车上人员责任险	171	微课视频
8-12	机动车盗抢险	171	微课视频
8-13	附加险	171	微课视频
8-14	汽车保险的投保	172	微课视频

目　录

项目一 认识和分析市场

我国汽车市场发展快、潜力大，而汽车市场的发展对整个汽车产业有着指挥棒的重要作用。那么什么是汽车市场呢？通过本项目我们来认识市场、掌握市场分析的基本方法。

任务一 汽车市场营销观念

【课程导航】

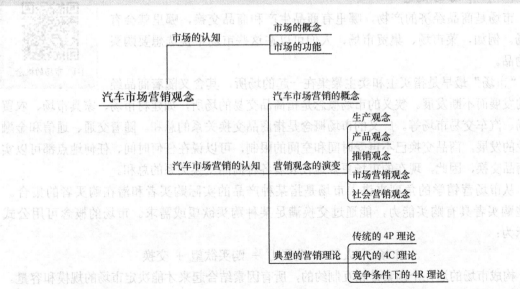

- 汽车市场营销观念
  - 市场的认知
    - 市场的概念
    - 市场的功能
  - 汽车市场营销的认知
    - 汽车市场营销的概念
    - 营销观念的演变
      - 生产观念
      - 产品观念
      - 推销观念
      - 市场营销观念
      - 社会营销观念
    - 典型的营销理论
      - 传统的4P理论
      - 现代的4C理论
      - 竞争条件下的4R理论

【学习目标】

- 知识目标

了解市场营销的概念。

熟悉营销观念的演变过程。

掌握 4P、4C、4R 三种典型的营销理论。

- 能力目标

能通过企业营销行为来判断企业采用的营销观念。

【任务描述与分析】

任务描述：小刘是一名刚入行的汽车销售顾问，她很热爱汽车销售工作，可是苦于没有任何相关工作经验。师傅老李告诉她，任何市场行为都是受市场观念指导的，汽车销售顾问只有正确地认识市场、树立市场营销观念，才能做好汽车销售工作。

任务分析：市场营销的观念指导着企业的营销活动，并且正在不断地发展和完善。作为一名汽车销售顾问，小刘只有深刻理解市场营销观念，才能妥善处理和解决好在工作中遇到的各种问题。

【相关知识】

一、市场的认知

在现代社会中，几乎所有的经济现象都与市场有关，几乎所有经济方面的学科也都不同程度地涉及市场。

（一）市场的概念

微课视频

1-1　市场的概念

市场是商品经济的产物，哪里有商品生产和商品交换，哪里就会有市场。例如，菜市场、集贸市场，人们可以在这些市场中挑选想要购买的物品。

“市场”最早是指买主和卖主聚集在一起的场所，其含义随着商品经济的发展而不断发展。狭义的市场概念是指商品交易的场所，如建材市场、家具市场、农贸市场、汽车交易市场等。广义的市场概念是指商品交换关系的总和。随着交通、通信和金融行业的发展，商品交换已不再受时间和空间的限制，可以说在任何时间、任何地点都可以实现商品交换，因此，现在的市场更多地代表着各种商品交换关系的总和。

从市场营销学的角度来讲，市场是指某种产品的实际购买者和潜在购买者的集合。这些购买者具有购买能力，能通过交换满足某种购买欲望或需求。市场的概念可用公式表示为：

$$\text{市场} = \text{人口} + \text{购买力} + \text{购买欲望} + \text{交换}$$

构成市场的这几个因素是相互制约的，所有因素结合起来才能决定市场的规模和容量。例如，一个国家或地区人口总数大，但人均收入过低，即使人们有较强的购买欲望，也无法实现交换，也就不能构成大规模的市场；再比如，若某产品不能激发或满足某类客户的购买欲望，则这部分客户也不会成为该产品市场的一部分。

（二）市场的功能

1. 实现交换功能

市场可以实现商品交换、货币易位。消费者从所购买产品和服务中获得利益；生产者通过消费者的购买行为获得价值补偿。市场通过交换把生产者和消费者紧密地联系在一起。

2. 调节功能

市场供求与价格的相互作用和市场竞争，可调节生产者、销售者和消费者的买卖行为，最终达到供求平衡，促进社会资源合理配置。

3. 反馈功能

市场是信息汇集的场所。消费者从市场上获知哪些产品和服务能够满足其需求；企业从市场上了解到消费者、供应商、竞争者、经销商的信息，进而进行微观决策；政府从市场上获知供需比例和市场运行状况，通过行政、法律和经济手段调节供需关系，从而促进国民经济的健康发展。

微课视频

1-2 汽车市场营销的概念

二、汽车市场营销的认知

（一）汽车市场营销的概念

音频

1-3 汽车市场营销的意义

汽车市场营销指企业将汽车等商品从生产领域到消费领域转移进程中采取的方法、策略和服务。其主要内容是了解消费者对汽车产品的需要，按照消费者的需要来设计和生产适销对路的产品，同时选择分销渠道，做好定价、促销等工作，从而使汽车产品可以顺利地被消费者认可和选择。

提　示

市场营销与销售或促销是有区别的。现代企业市场营销活动包括市场研究、需求预测、产品开发、定价、分销、物流、广告、销售、售后服务等。销售仅仅是企业市场营销活动的一部分，促销是一种手段。市场营销是战略，它意味着企业应该“先开发市场，后开办工厂”。

（二）营销观念的演变

营销观念的演变是供求关系变化的结果。在卖方市场或买方市场，营销观念有着截然不同的含义。

音频

1-4 市场营销观念与传统营销观念的区别

1. 生产观念

生产观念是早期商品供不应求状态下的营销观念。在这种观念指导下，企业致力于扩大生产，降低成本，忽视了市场的作用，是一种重生产、轻市场的商业观念。

2. 产品观念

产品观念认为消费者喜欢高质量、多功能、有特色的产品，因而致力于生产优质产品，不重视市场的变化。

3. 推销观念

推销观念认为消费者有惰性和抗衡心理，因此必须积极推销和大力促销。

4. 市场营销观念

市场营销观念认为实现企业目标的关键在于确定目标市场的需求和欲望，比竞争者更有效地传送目标市场所期待的物品和服务，通过满足市场的需求和欲望来发展企业。

5. 社会营销观念

社会营销观念是对市场营销观念的完善和补充，把市场营销原理运用到环境保护、社会公益、可持续发展等方面。一些国际组织也认可和推广这一观念。

以上五种营销观念中，生产观念、产品观念、推销观念都是以产品为中心，以卖方市场、卖方要求为前提，注重销售，活动的目标是提高销量、提高利润，结果是成本高，损害消费者利益。而市场营销观念、社会营销观念是从消费者的需求和满意度出发，以消费者为中心，以买方市场、买方要求为前提，通过满足客户需求、维护社会利益来提高利润。这些是目前现代化企业普遍使用的观念。

（三）典型的营销理论

1. 传统的4P理论

4P理论强调营销必须重视产品、价格、渠道、促销四个要素。这一理论最早是由美国营销学家麦卡锡于1960年提出的。4P理论主要内容如下。

（1）产品（Product）是指企业给市场提供可被人们使用、消费并满足人们某种需要的物品，包括有形的实物产品，也包括无形的服务或其他非物质形态的利益。

（2）价格（Price）是指消费者购买产品时需支付的金额，包括折扣、支付期限等。价格决策影响企业的销量、利润、成本补偿，对企业经营活动有重要的影响。

（3）渠道（Place）是指产品从生产者到消费者的传递过程中所经历的途径。

（4）促销（Promotion）是指企业通过一定方式向目标市场传递产品、服务、形象和理念，引起消费者购买兴趣，促进其购买的行为。

4P理论认为市场需求会受到以上营销四要素的影响，四个要素之间相互补充，形成一个有机的整体，常被称为营销组合。企业必须重视营销组合策略才能实现健康发展。

2. 现代的4C理论

4C理论以消费者需求为导向，强调要关注客户的需求及欲望，由美国学者罗伯特·劳特朋于1990年提出。4C理论主要内容如下。

（1）客户（Customer）主要指客户的需求（Customer's Needs）。企业必须充分了解客户，根据客户的需求来提供产品。同时，企业提供的不仅仅是产品和服务，更重要的是由此产生的客户价值（Customer Value）。

（2）成本（Cost）不仅指企业的生产成本或4P理论中的价格，还指客户的购买成本。购买成本不仅包括其货币支出，还包括其为此耗费的时间、体力和精力，以及购买的机会成本。

（3）便利（Convenience），即为客户提供最大的购物和使用便利。4C理论认为企业在制定营销策略时，不仅要考虑企业的便利，更要关注客户的便利，要通过好的售前、售中和售后服务让客户在购买和使用产品的过程中感受到便利。

（4）沟通（Communication），即企业不再是单向地向客户进行促销，而是通过双方积极有效的沟通，找到能同时实现各自目标的途径，建立企业与客户基于共同利益的新型关系。

与4P理论相比，4C理论是以客户为中心进行企业营销活动的规划设计的，即从产品到实现客户需求，从价格到综合权衡客户购买所愿意支付的成本，从促销的单向信息传递到实现与客户的双向交流和沟通，从产品的流通到实现客户购买的便利性。

3. 竞争条件下的 4R 理论

4R 理论由美国学者唐·舒尔茨于 2001 年提出，它是一种以竞争为导向的营销理论，以关系营销为核心，通过关联、反应、关系和回报来建立客户忠诚度，实现双赢。4R 理论主要内容如下。

关联（Relevancy）。企业与客户是一个命运共同体。企业必须通过有效的方式与客户建立关联，形成互助、互求、互需的关系，把客户与企业联系在一起。

反应（Respond）。在相互影响的市场中，企业要及时地倾听客户的需求和建议，从推测性商业模式转变成为高度回应需求的商业模式。

关系（Relation）。当今时代抢占市场的关键已转变为与客户建立长期而稳定的关系。企业要把交易转变成一种责任，通过与客户的沟通互动，提高其忠诚度，赢得长期而稳定的市场。

回报（Return）。合理回报是进行营销活动的出发点和落脚点，营销的最终价值在于其是否给企业带来短期或长期的收入。企业既要满足客户需求，为客户提供价值，也要注重企业在营销活动中的回报。

4R 营销以竞争为导向，在新的层次上提出了营销新思路，体现并落实了关系营销的思想，是实现互动与双赢的保证，使企业能够兼顾成本和双赢。

【学生活动实训】

1. 活动内容

能根据企业营销活动案例判断企业采用的营销观念。

2. 活动目的

灵活运用所掌握的营销观念对企业营销活动做出判断。

3. 活动步骤

（1）教师给出至少两个企业营销案例。

（2）学生以 4 人组合为一个小组，在规定时间内进行案例讨论。

（3）小组代表发言，指出案例中企业采用的营销观念及判断依据。

（4）教师进行指导并做出分析评价。

4. 活动评价

评价项目	是否达到活动目的（40%）	练习表现（40%）	职业素养（20%）
评价标准	① 完全达到 ② 基本达到 ③ 不能达到	① 积极参与 ② 参与主动性一般 ③ 不积极参与	① 大有提升 ② 略有提升 ③ 没有提升
自我评价（20%）			
组内评价（20%）			

续表

评价项目	是否达到活动目的（40%）	练习表现（40%）	职业素养（20%）
组间评价（30%）			
教师评价（30%）			
总得分（100%）			

任务二 市场营销环境分析

【课程导航】

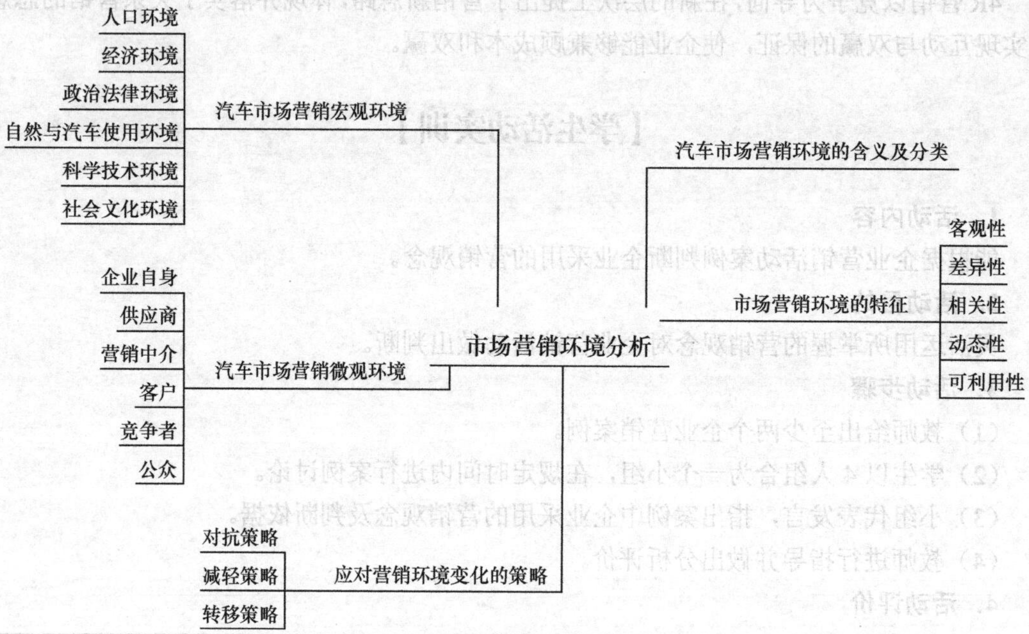

【学习目标】

- 知识目标

了解汽车市场营销环境的含义和特征。

熟悉汽车市场营销宏观环境和微观环境的各组成部分。

掌握应对营销环境变化的策略。

• 能力目标

能对企业面临的营销环境进行判断分析，并制定应对环境变化的策略。

【任务描述与分析】

任务描述：小刘在工作中认识到，企业并不是孤立地存在于市场中的，而是与很多部门、合作公司发生着千丝万缕的联系，比如汽车厂家、广告公司等，而公司在经营过程中的很多决策也容易受到各种因素的影响，比如法律、社会文化等。师傅老李告诉她，这些就是企业面临的营销环境。

任务分析：企业生存于各种营销环境中，我们必须要清醒认识各种营销环境，并掌握分析环境变化的具体方法，才能制定和调整营销策略，使企业的营销活动适应营销环境的发展和变化。

【相关知识】

一、汽车市场营销环境的含义及分类

随着市场经济的不断发展和对外开放的逐步深入，市场竞争日益激烈，企业所面临的外部环境发生了巨大变化。企业为了更好地生存和发展，必须顺应市场环境的变化，分析、研究市场环境变化的趋势，捕捉市场机遇，发现和避免市场环境的威胁，及时调整营销策略，确保企业在激烈的市场竞争中立于不败之地。

汽车市场营销环境是指对汽车企业的市场和营销活动有潜在影响的、企业不可控制的所有外部力量与机构组成的体系。根据营销环境中各种力量对企业市场营销的影响方式不同，可以把汽车市场营销环境分为汽车市场营销宏观环境（深色部分）和汽车市场营销微观环境（浅色部分）两大类，如图 1-1 所示。

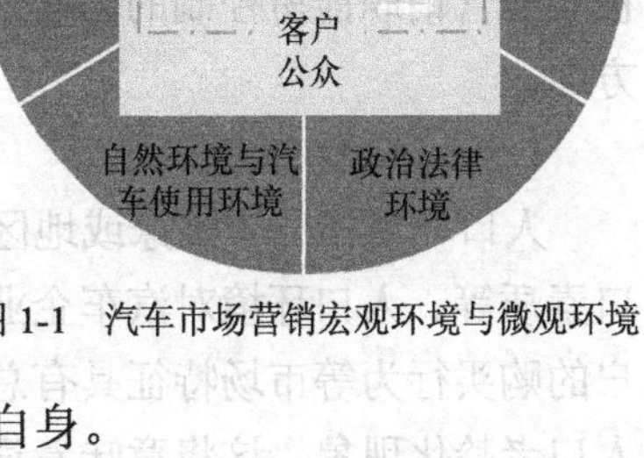

图 1-1 汽车市场营销宏观环境与微观环境

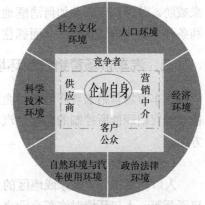

汽车市场营销宏观环境是指对汽车企业营销活动产生间接重要影响的、不可控制的各种社会力量，包括人口环境、经济环境、政治法律环境、自然与汽车使用环境、科学技术环境、社会文化环境共六个方面。在某些情况下，它们也能对企业营销活动产生直接影响。

汽车市场营销微观环境是指与汽车企业紧密相连，直接影响企业营销活动的各种不可控制的参与者，包括六个方面：供应商、客户、竞争者、营销中介、公众和企业自身。

二、市场营销环境的特征

市场营销环境是一个多因素、多层次而且不断变化的综合体，其主要特征表现在以下几个方面。

（一）客观性

市场营销环境是客观存在的，不以企业的意志为转移。企业只要从事市场营销活动，就

必须要面对各种不同的营销环境，同时会受到各种微观和宏观环境因素的影响和制约。一般来说，企业无法摆脱营销环境的影响，必须积极主动地适应营销环境的变化和要求。

（二）差异性

市场营销环境的差异性不仅表现在不同的企业受不同环境的影响，而且同样一种环境因素的变化对不同企业的影响也不相同。例如，不同的国家、民族、地区之间在人口、经济、社会文化、政治、法律等各方面存在着较大的差异，这些差异对企业营销活动的影响显然是很大的。再如，我国汽车企业处于相同的国内经济环境、政治法律环境、技术环境等，但这些环境对不同企业的影响程度也是存在差异的。由于外界环境因素的差异性，企业必须采取不同的营销策略才能轻松应对。

（三）相关性

市场营销环境是一个系统，在这个系统中各个影响因素是相互依存、相互作用和相互制约的。这是由于社会经济现象的出现，往往不是由某个单一因素所能决定的，而是受到一系列相关因素影响的结果。例如，企业开发新产品时，不仅要受到经济因素的影响和制约，更要受到社会文化因素的影响和制约。再如，价格不但受到市场供求关系的影响，而且还受到科技进步及财政政策的影响。因此，要特别重视各种因素之间的相互作用。

（四）动态性

市场营销环境是企业营销活动的基础和条件，这并不意味着营销环境是一成不变的、静止的。恰恰相反，营销环境总是处在一个不断变化的过程中，客户的消费倾向已从追求数量向追求质量及个性化转变，消费心理正在趋于成熟。这些变化都会对企业的营销行为产生最直接的影响。

（五）可利用性

市场营销环境对于汽车营销的影响是辩证的，既可能为企业带来机遇，也可能为企业带来威胁。关键在于企业如何清醒地认识、理解和利用市场营销环境，主动转变思想，创造有利条件，优化营销策略，从而抓住市场机会，使企业得到健康发展。

三、汽车市场营销宏观环境

汽车市场营销宏观环境指对企业营销活动产生重要影响，而又不能被企业营销职能所控制的因素。汽车市场营销宏观环境主要包括以下几方面。

微课视频

1-5　市场营销宏观环境的认知

（一）人口环境

人口环境指一个国家或地区的人口数量、人口分布、人口结构、人口素质等。人口环境对汽车企业市场需求的规模、产品品种结构以及用户的购买行为等市场特征具有总体性和长期性的影响。例如，如果出现人口老龄化现象，这将意味着适合老年人消费的汽车市场规模将扩大，供老年人使用的汽车就应该提高安全、便利、舒适等方面的性能。

音频

1-6　人口环境

（二）经济环境

经济环境指企业营销活动所在的国家或地区的宏观经济状况，包括宏观经济发展状况、消费环境（消费者收入、消费者支出）等方面。

经济环境对汽车营销的影响非常明显，好的经济环境是汽车产业得以发展的基础条件。

我国汽车发展的历史表明：近二十年来，我国宏观经济快速发展，居民可支配收入大幅度增加，用于交通、娱乐等方面的支出也随之增长，我国的汽车产销量迅猛增加，成为世界第一大汽车消费国。因此，企业在从事营销活动时，必须充分考虑该国家或地区的经济环境状态。

（三）政治法律环境

政治法律环境是指能够影响企业市场营销的相关政策、法律以及制定它们的权力组织。政治法律环境对市场营销的影响既表现在对行业企业的限制，又表现在对行业企业的保护。近年来，我国汽车行业相关的立法数量不断增加，覆盖竞争、公平交易行为、环境保护、产品安全、消费者权益、产品定价及其他重要领域。国家政策也在不断地随着社会和经济的发展变化而进行调整，例如国家对优质产业的保护、对新能源产业的支持政策等。企业必须关注政治法律环境的变化，充分利用法律政策中有利的因素，避免或控制其中的不利因素，才能在政策和法律许可的范围内顺利、高效地发展。

（四）自然环境与汽车使用环境

1. 自然环境

自然环境是指影响社会生产的自然因素，主要包括自然资源和生态环境。自然资源的减少将是汽车企业市场营销活动的长期约束条件。汽车生产和使用需要消耗大量的自然资源，汽车工业越发达，汽车普及程度越高，汽车生产消耗的自然资源也就越多，而自然资源总的变化趋势是日益短缺。同时，生态环境的恶化对汽车的性能提出了更高的要求。生态与人类生存环境总的变化趋势也是日益恶化，环境保护就显得越来越重要，而汽车的大量使用又会产生环境污染，因而在环境保护方面对汽车性能的要求将日趋严格，这对企业的产品开发和市场营销活动将产生重要影响。

动画

1-7 自然环境与汽车使用环境

汽车企业为了适应自然环境的变化，应积极采取应对措施：发展新型材料，提高原材料的综合利用率，开发汽车新产品，加强对汽车节能、改进排放新技术的研究等。例如，汽车燃油电子喷射技术、主动和被动排气净化技术等都是汽车工业适应环境保护的产物。还应积极开发新能源汽车。例如，目前正在广泛研究的纯电动汽车、燃料电池汽车、混合动力汽车以及其他新能源汽车等。

2. 汽车使用环境

汽车使用环境是指影响汽车使用的各种客观因素，一般包括以下几个方面。

（1）自然气候和地理因素。自然气候对汽车使用时的冷却、润滑、启动、充气效率、制动等性能以及对汽车机件的正常工作和使用寿命产生直接影响。而自然地理对经济地理（如一个地区公路运输的作用和地位）以及对公路质量（如道路宽度、坡度、平坦度、表面质量、坚硬度，隧道、桥梁等）具有决定性影响，从而对汽车产品的具体性能也就存在着不同的要求。

汽车企业在市场营销的过程中，应向目标市场推出适合当地气候和地理特点的汽车，并做好相应的技术服务，以便使用户科学地使用本企业的产品并及时解决使用困难。例如，汽车运输是西藏自治区（以下简称“西藏”）交通运输的主要方式，针对西藏的高原、多山、寒冷的地理气候特点，有些汽车公司推出了适合当地使用条件的汽车，深受当地消费者欢迎。

（2）公路和城市道路交通。良好的道路交通条件有利于提高汽车运输在交通运输体系中的地位。公路交通条件好，有利于提高汽车运输的工作效率及汽车使用的经济性等，从而有利于汽车的普及；反之，道路交通条件差，则会减少汽车的使用。同时，汽车的普及程度提高也有利于改善公路交通条件，从而为企业的市场营销创造更为宽松的道路交通环境。

我国运输管理部门通过建设现代化的城市交通管理系统，提高了城市道路交通管理水平，改善了公路运输的硬件条件。随着我国交通软、硬件条件的不断改善，道路交通对我国汽车市场营销的约束作用将得到缓解。

（五）科学技术环境

科学技术环境是指一个国家和地区整体科技水平的现状及其变化。

科技进步促进综合国力的增强，给企业带来了更多的营销机会。科学技术在汽车生产中的应用（如机械组装自动化、柔性加工、计算机网络技术等），改善了产品的性能，降低了产品的成本，提高了汽车产品的市场竞争能力。科技进步促进了汽车企业市场营销手段的现代化，推动了市场营销手段和方式的改变，极大地提高了汽车企业的市场营销能力。例如，现代通信技术、网络的普及，改变和提高了企业市场营销工作方式和效果。

当今世界汽车市场的竞争日趋激烈，各大汽车公司十分注重高新技术的研究和应用，以赢得未来的市场竞争。相对世界汽车工业而言，我国汽车工业科技进步的潜力巨大。我国汽车企业只有不断加强科技研究和加大科技投入，才能使汽车工业水平位于世界前列。

（六）社会文化环境

社会文化环境是指一个国家、地区或民族的传统文化，如风俗习惯、伦理道德观念、价值取向等。每个消费者都是在一定的文化环境中成长、生活的，其价值观、生活方式、消费心理、购买行为等，必然会受到社会文化的影响。

社会文化影响着人们的购买行为，使其对企业不同的营销活动（如产品设计、造型、颜色、广告、品牌等）具有不同的接受程度。例如，某性能先进、深受外国人喜爱的两厢车型，在推向中国市场时却遇到了销售不畅的麻烦，其原因就在于中国的很多消费者认为它“不气派”。其实追溯文化层面的原因，中国人俗称的“轿车”，就是由轿子派生而来的，与身份和地位相关，因此，人们普遍喜欢有“尾”的三厢车。

微课视频

1-8 市场营销微观环境的认知

四、汽车市场营销微观环境

汽车市场营销微观环境指与企业紧密相连、直接影响企业营销能力的各方参与者。

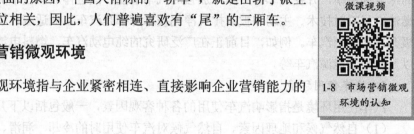

提 示

企业营销活动采取各种策略和措施的最终目的都是为了满足目标市场的需要，从而赢得利润。在这一过程中，企业要同各种组织和个人打交道，如首先需要从供应商那里获得各种原材料或其他物料，然后经过与企业内部各职能部门和车间的协作生产出产品，最后这些产品要通过各类营销中介到达对产品性能和质量都有一定要求的客户手中。由于向某一目标市场提供产品或服务的企业不止一个，所以企业必须在很多竞争者的包围和进攻下开展营销活动。同时，社会公众对某些产品和营销活动的态度也深刻地制约着企业的行为，这些个人、群体和组织构成了企业营销的微观环境。

（一）企业自身

企业自身是指企业的类型、组织模式、组织机构及企业文化等企业内部因素，是提高市场营销工作效率和效果的基础，这是一个对营销结果起决定作用的因素。企业是由各个相互关联的部门组成的，各部门有各自的分工，在汽车营销中承担着计划、采购、生产、销售、售后服务等不同的任务，这些任务的合力决定着汽车营销活动的成败。企业应强化管理，各部门之间紧密合作，形成不可分割的整体，创造良好的内部环境。

（二）供应商

供应商是向企业提供生产经营所需资源的组织或个人。供应商的供应能力，如价格的高低、交货是否及时、服务能力如何、数量是否充足等，都会影响产品的成本、售价、利润和交货期。因此，营销管理人员必须对供应商的情况有比较全面的了解和透彻的分析。

（三）营销中介

营销中介（也被称为生产供应者）指协助汽车企业从事市场营销活动的组织或个人。在多数情况下，企业的产品要经过营销中介的推广、销售和分配才能到达目标客户，它们包括中间商、物流公司、各类营销服务企业和财务中间机构等。

提 示

营销中介在企业的营销活动中起着十分重要的作用，它帮助企业寻找客户并直接与客户进行交易，从而完成产品从生产者向消费者的转移。他们的工作效率及服务能力对产品从生产领域流向消费领域都会产生较大的影响。企业应该与营销中介保持良好的关系，互相配合，甚至应把营销中介的活动纳入到企业整体营销活动体系中去。

（四）客户

客户是汽车企业产品或劳务销售的市场，是企业服务的对象，客户可以是个人、家庭，也可以是组织机构或政府部门。企业市场营销的起点和终点都是客户，因此企业必须充分研究客户需求及其变化，了解如何吸引客户或客户的选择变化趋势。

（五）竞争者

为某一客户群体服务的企业通常不止一个，企业是在一群竞争对手的包围、挑战和制约下从事自己的营销活动的。这些竞争对手既可能来自本国市场，也可能来自其他国家和地区；竞争不仅发生在行业内，行业外的企业也可能通过生产替代品而参与竞争。所以，对竞争者进行分析是成功地开展营销活动的一个重要方面。

（六）公众

公众是指对企业的营销活动有实际、潜在利害关系和影响力的一切团体和个人，一般包括金融机构、新闻媒体、政府机关、协会、社团组织以及一般公众等。

公众对企业态度友好，可以帮助企业树立良好的形象，进而提升销量；反之，则可能使企业陷入纠纷、诉讼甚至被抵制。因此，企业必须处理好与主要公众的关系，争取公众的支持，为自己营造和谐、宽松的社会环境。

五、应对营销环境变化的策略

企业必须善于分析营销环境的变化，研究相应的对策，提高市场营销环境的应变能力，才能在竞争激烈、变化多端的市场竞争中立于不败之地。

对于企业市场营销来说，最大的挑战莫过于环境变化对企业造成的威胁。而这些威胁一般不被企业所控制，因此企业应做到冷静分析、沉着应对。面对营销环境威胁，企业可以采取以下策略。

微课视频

1-9 市场营销环境的应对策略

（一）对抗策略

这种策略要求企业尽量限制或扭转不利因素的影响。例如，企业通过各种方式促使或阻止政府或立法机关通过某项政策或法律，从而赢得较好的政策与法律环境。显然，企业采用这种策略时需要以具备足够的影响力为基础，一般只有大型企业才具有采用这种策略的条件。同时，企业在采取这种策略时其主张和行为不能倒行逆施，而应同时代发展趋势一致。

（二）减轻策略

这种策略适合企业在不能控制不利因素发展时采用。它是一种尽量减轻营销损失程度的策略。一般而言，环境威胁只是对企业市场营销的现状或现行做法构成威胁，并不意味着企业就别无他途。企业只要认真分析环境变化的特点，找到新的营销机会，及时调整营销策略，不仅可以减轻营销损失，而且还可以谋求更大的发展。

（三）转移策略

这种策略要求企业将面临环境威胁的产品转移到其他市场上去，或者将投资转移到其他更为有利的产业上去，实行多元化经营。但转移市场要以地区技术差异为基础，即在甲地受到威胁的产品，在乙地市场仍有发展前景。企业在决定多元化经营（跨行业经营）时，必须要对企业是否在新的产业上具有经营能力做谨慎分析，不可贸然闯入。

总之，当企业在遇到营销环境变化的威胁和挑战时，应积极寻找对策，克服困难，开拓创新，创造出光明前景。

【学生活动实训】

1．活动内容

小组选择一家汽车企业，查找资料，判断分析企业面临的各种营销环境，并进行环境变化的预估与对策分析。

2．活动目的

灵活运用营销环境分析方法和应对环境变化的策略。

3．活动步骤

（1）学生以 4 人为一个小组，选择确定进行分析的目标企业。

（2）在规定时间内，查找资料，讨论决策，形成书面报告。

（3）小组代表发言陈述。小组间答辩交流。

（4）教师进行指导并做出分析评价。

4．活动评价

评价项目	是否达到活动目的（40%）	练习表现（40%）	职业素养（20%）
评价标准	① 完全达到 ② 基本达到 ③ 不能达到	① 积极参与 ② 参与主动性一般 ③ 不积极参与	① 大有提升 ② 略有提升 ③ 没有提升

续表

评价项目	是否达到活动目的（40%）	练习表现（40%）	职业素养（20%）
自我评价（20%）			
组内评价（20%）			
组间评价（30%）			
教师评价（30%）			
总得分（100%）			

任务三　市场分析定位策略

【课程导航】

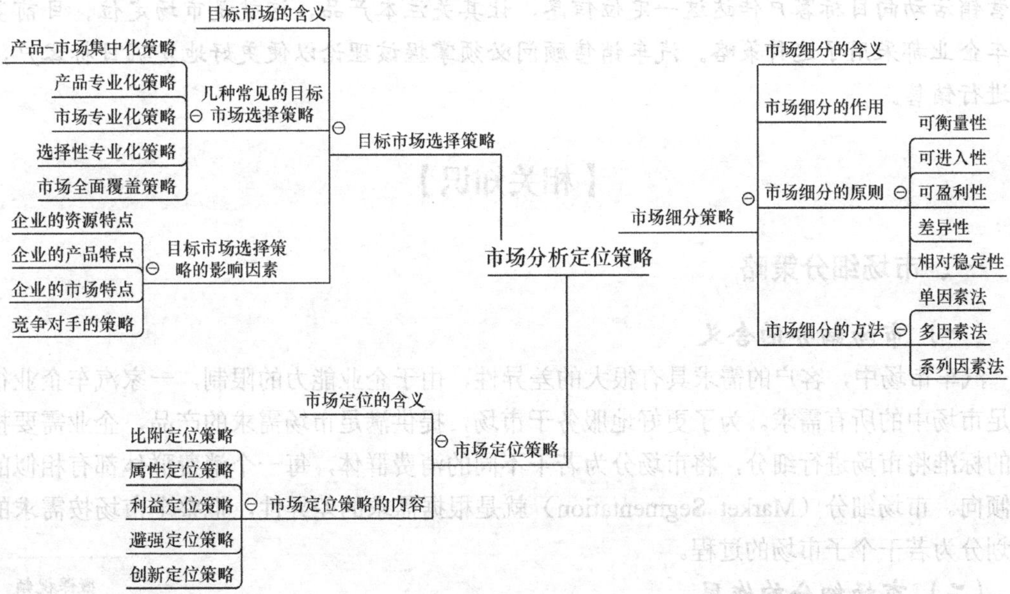

【学习目标】

- 知识目标

了解市场细分的含义和作用及细分的原则和方法。

熟悉目标市场选择的各种策略及影响因素。

掌握各市场定位策略。

- 能力目标

能够运用汽车市场细分、目标市场选择、市场定位的观念和方法策略，对企业的营销活动进行分析。

【任务描述与分析】

任务描述：经过一段时间的工作后，汽车销售顾问小刘发现，客户买车变得越来越“挑剔”了，总是有一些客户由于种种原因没有在本店完成购买。是我们的产品不好吗？是我们的服务不好吗？带着这些疑问，她请教了师傅老李。老李告诉她，这是很正常的现象，随着人们生活水平的提高，很难用一款车满足所有购买者的需求。同时，由于企业能力的限制，也很难有一家汽车生产企业能满足汽车购买者的所有需求。每家企业的服务对象，都只是市场上的某部分客户。

任务分析：现代市场营销理论中的“STP”策略（市场分析定位策略）被广泛认可，即市场细分、目标市场选择和市场定位。该理论认为，市场是一个多层次、多元化的消费需求集合体，任何企业都无法满足所有的需求，企业应该根据不同需求、购买力等因素把市场分为由相似需求构成的消费群，即若干子市场。这就是市场细分。企业应根据自身战略和产品情况从子市场中选取有一定规模和发展前景，并且符合公司的目标和能力的细分市场作为自己的目标市场。随后，企业应将产品定位在目标客户所偏好的方面，并通过一系列营销活动向目标客户传达这一定位信息，让其关注本产品，这就是市场定位。目前多数汽车企业都采用了这种策略。汽车销售顾问必须掌握该理论以便更好地发掘目标客户，从而进行销售。

【相关知识】

一、市场细分策略

（一）市场细分的含义

汽车市场中，客户的需求具有很大的差异性，由于企业能力的限制，一家汽车企业很难满足市场中的所有需求。为了更好地服务于市场，提供满足市场需求的产品，企业需要按一定的标准将市场进行细分，将市场分为若干不同的消费群体，每一个消费群体都有相似的需求倾向。市场细分（Market Segmentation）就是根据需求的差异性，把整个市场按需求的不同划分为若干个子市场的过程。

（二）市场细分的作用

1. 市场细分有利于企业发现新的市场机会

微课视频

1-10 市场细分的作用

企业运用市场细分可以发现市场上尚未满足的需求，从而抓住市场机遇。市场细分对中小型企业有重要的作用。中小型企业资源薄弱，实力有限，在整体市场或较大市场上往往难以与大企业竞争，但通过市场细分，可以找到大企业顾及不到或无力顾及的“空白市场”，进行市场补缺，集中力量加以经营，就会获取局部优势，在激烈的市场竞争中占有一席之地。

2. 有利于掌握目标市场的特点

企业营销策略的选择、营销方法和手段的应用，都要依据市场的特点来决定。只有通过市场细分，才能更好地分析和掌握该部分细分市场的特点，才能更好地实施有效的营销策略，从而获得更好的营销效果。

3. 有利于提高企业的竞争力

企业无论大小，都有自身的优势和劣势。在市场细分的基础上，企业应根据自己的条件，选择合适的目标市场，就可以充分发挥优势，避开劣势，做到扬长避短，最终在竞争中赢得胜利。

（三）市场细分的原则

1. 可衡量性

可衡量性是指用来进行市场细分的标准可以被识别和衡量，各个细分市场的购买力和规模也可以被衡量。例如，年龄、性别、收入、地理位置、民族等要素，都具有客观性，可以被识别和衡量，可以作为细分标准；而心理和性格，其判断则带有较强的主观性，不适宜用作市场细分标准。

2. 可进入性

可进入性是指进行细分后的市场中，企业必须能够进入其中的一个或几个所选定的细分市场，并开展有效营销活动。

3. 可盈利性

可盈利性是指企业新选定的细分市场规模和容量能够使企业获得足够的经济效益和社会效益，并且有可扩展的潜力。

4. 差异性

差异性是指各个细分市场在客观上必须存在明显的差异，各细分市场之间有所区别，并对不同的营销组合方案有不同的反应。

5. 相对稳定性

相对稳定性是指细分后的市场能够在一定时间内保持相对稳定。汽车行业企业生产周期长、投资大，一旦细分市场不稳定，就会造成企业生产营销策略的剧烈波动，影响企业效益。

音频

1-11　市场细分的步骤（麦卡锡）

（四）市场细分的方法

1. 单因素法

单因素法又称箭线法，是指企业根据市场营销调研结果，选择影响客户需求的最主要因素作为细分变量，对产品的整体市场进行细分。在汽车市场中，可以以汽车的用途为变量进行细分，如图 1-2 所示。

2. 多因素法

多因素法又称为坐标法，是企业依据影响客户需求的两个或两个以上的因素（或变量）对某一产品进行综合细分。该方法适用于市场对某一产品需求的差异是由多个因素综合影响所致的情况。例如，对于汽车市场来说，性能、质量、价格是综合影响客户选择的主要因素（见图 1-3），企业可利用这些因素对汽车市场进行细分。

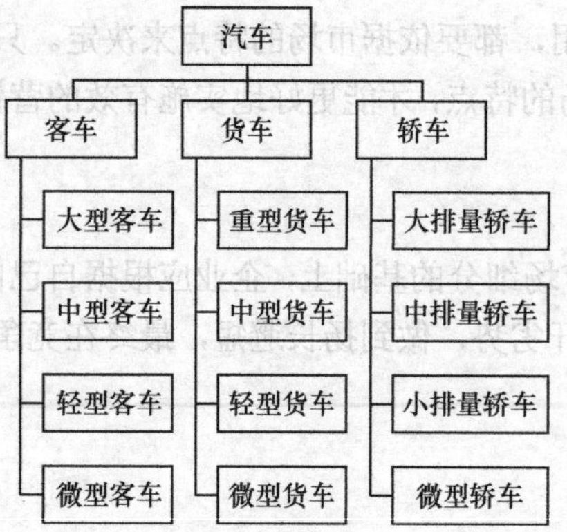

图 1-2　单因素法

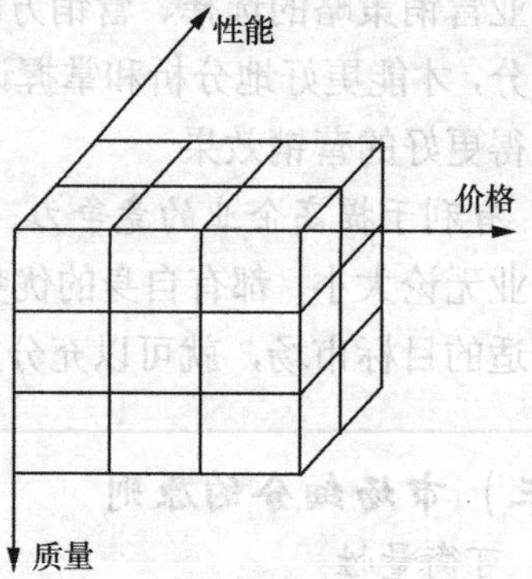

图 1-3　多因素法

3. 系列因素法

系列因素法又称为网格法，是指当影响需求的因素有多项且各因素是按一定的顺序逐步进行的时候，可将某产品的整体市场由粗到细、由浅到深进行逐步细分，使目标市场变得越来越具体。该方法适用于影响市场需求的因素较多，企业需要逐层逐级分析并寻找适宜的细分市场的情况。例如，某公司对汽车市场进行逐级细分的情况如图 1-4 所示。

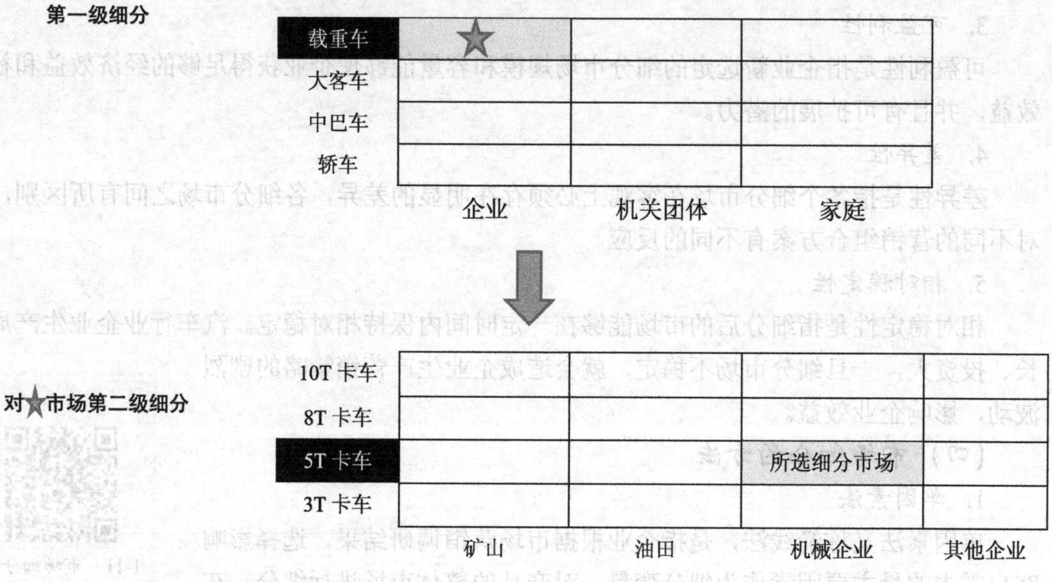

图 1-4　系列因素法

二、目标市场选择策略

（一）目标市场的含义

目标市场（Market Targeting）就是通过市场细分后，企业以相对应的产品和服务满足其需要的一个或几个子市场。

通过市场细分之后，企业根据各子市场潜力、吸引力等特点和企业发展目标、自身资源等情况，选择一个或几个子市场，提供相应的产品和服务来满足这些子市场的需求。企业可以从以下几个方面来评估和选择目标市场。

音频

1-12 目标市场的评估和选择

（1）该市场存在尚未满足的需求。存在潜在的需求，是企业选择目标市场的首要条件。

（2）该市场的潜在客户具有一定的购买力。

（3）该市场未被竞争者完全控制。在选择目标市场时，要对各细分市场的竞争状况进行认真的分析，应尽量选择竞争者较少或竞争者较弱、参与竞争比较容易的细分市场作为目标市场。

（4）选择企业有能力开发经营的市场。只有当人力、物力、财力及产品开发能力、市场开发能力和经营管理能力等内部条件同时具备时，企业才能够将其选择的细分市场作为目标市场。

微课视频

1-13 目标市场的选择策略

（二）几种常见的目标市场选择策略

1. 产品-市场集中化策略

这是一种最简单的目标市场范围策略，即企业只选取一个细分市场，集中力量为之服务。企业集中全力只生产一种类型的产品，将其供应给某特定的客户群。如图 1-5 所示，企业只生产一种产品 P1 供应给客户群 M1（M1、M2、M3 表示客户群 1、2、3，P1、P2、P3 表示产品 1、2、3）。规模较小的企业通常采用这种策略，这样利于企业深入了解该细分市场的需求特点，采用针对性的产品、价格、渠道和促销策略，从而获得强有力的市场地位和良好的声誉，但由于产品类型较为单一，市场分布较为集中，因此隐含着较大的经营风险。例如，豪华轿车“劳斯莱斯”的生产厂家就是采用这种策略，将目标市场固定在“有很高的社会地位，追求好的生活品质，并且将汽车作为身份、地位象征的客户”这一专门的细分市场上。

2. 产品专业化策略

这种策略的特征是企业集中生产一种类型的系列产品，并将其供应给产品整体市场的各个客户群，满足其对某种类型产品的各不相同的需求。如图 1-6 所示，企业只生产一种产品 P3，分别供应给客户群 M1、M2、M3。产品专业化模式的优点是企业专注于某一类产品的生产，有利于形成和发展生产和技术上的优势，在该专业化产品领域树立形象。

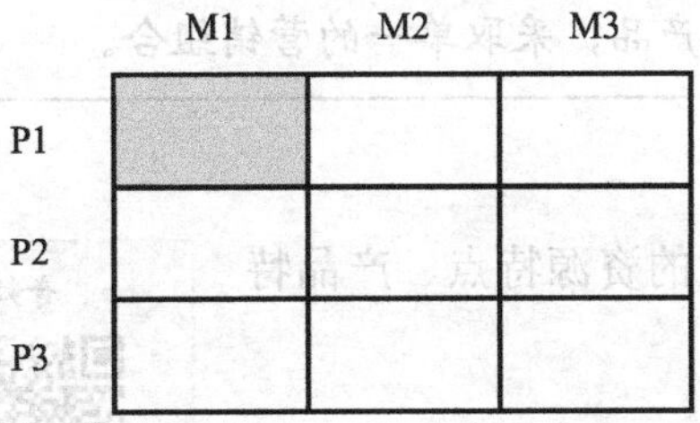

图 1-5 产品-市场集中化策略

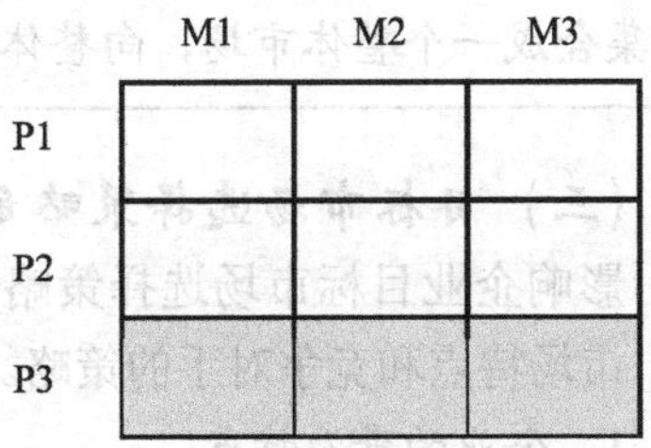

图 1-6 产品专业化策略

3. 市场专业化策略

这种策略的特征是企业专门为满足某一个客户群体的需求，经营这类客户所需要的各种产品。如图 1-7 所示，企业生产产品 P1、P2、P3 供应给客户群 M2。这种策略通常是经营能力较强的企业，为在某细分市场上取得较好的适应性和较大的优势地位而采用的做法。但由于集中关注某一类客户，当这类客户由于某种原因而购买力下降时，实行市场专业化策略的企业将会面临收益下降的风险。

4. 选择性专业化策略

这种策略是将企业选取若干个子市场作为目标市场，并有针对性地向各个目标市场提供不同型号的产品，以满足其特定的需求。如图 1-8 所示，企业生产产品 P1 供应给客户群 M1，生产产品 P2 供应给客户群 M2，生产产品 P3 供应给客户群 M3。这种策略的优点是可以有效地分散经营风险，即使某个细分市场利润不佳，企业仍可继续在其他细分市场获利。选择这种模式的汽车企业应具有较丰富的资源和较强的营销实力。

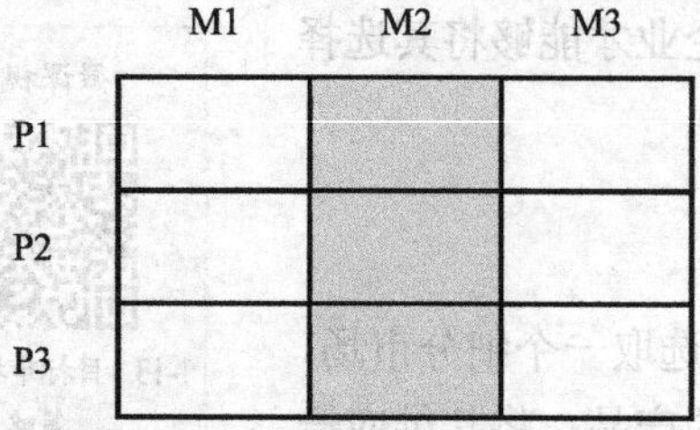

图 1-7　市场专业化策略

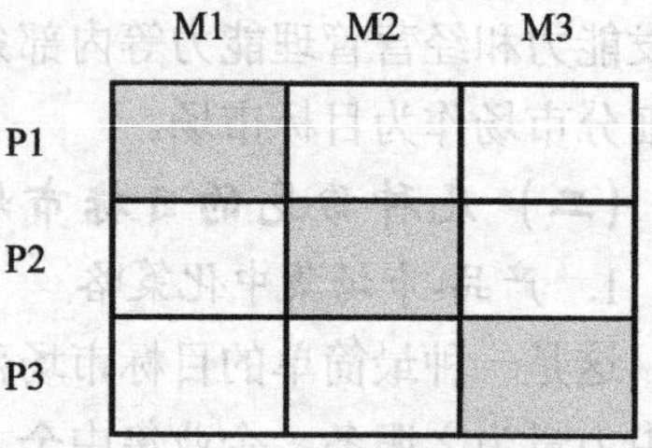

图 1-8　选择性专业化策略

5. 市场全面覆盖策略

这种策略的基本特征是企业全方位地进入产品整体市场的各个部分，并有针对性地向各个不同的客户提供不同类型的系列产品，以满足产品整体市场各个市场部分的各种需求。如图 1-9 所示，企业生产产品 P1、P2、P3 供应给客户群 M1、M2、M3。一般只有实力强大的大企业才能采用这种策略。

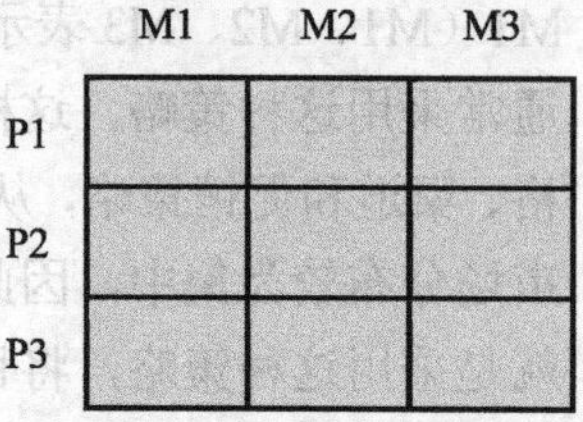

图 1-9　市场全面覆盖策略

提　示

以上五种目标市场选择策略都属于差异化市场营销策略，其中“产品-市场集中化策略”由于企业将目标市场集中在一个细分市场，所以也被称为“集中市场营销策略”。其实在很多情况下，企业也可以实行无差异化市场营销，也就是不进行市场细分，或把各子市场重新集合成一个整体市场，向整体市场提供标准化的产品，采取单一的营销组合。

（三）目标市场选择策略的影响因素

影响企业目标市场选择策略的因素主要有企业的资源特点、产品特点、市场特点和竞争对手的策略。

音频

1-14　目标市场选择策略的影响因素

1. 企业的资源特点

资源雄厚的企业，如拥有大规模的生产能力、广泛的分销渠道、较强的设计能力、优秀的管理能力、好的内在质量和品牌信誉等，可以考虑实行差异化市场营销策略。如果企业是实力较弱的中小企业，适合集中力量进行无差异市场营销或采用集中营销策略。比如企业初次进入某市场，实力尚不雄厚时，往往会采用集中市场营销策略，在积累了一定的成功经验后再采用差异市场营销策略和无差异市场营销策略，从而扩大市场份额。

2. 企业的产品特点

产品的同质性表明产品在性能、特点等方面差异性的大小。对于同质性高的产品，可实行无差异市场营销；对于同质性低或异质性产品，差异市场营销或集中市场营销是恰当选择。

产品因所处生命周期的阶段不同而表现出不同特点。产品处于导入期和成长初期时，消费者刚刚接触新产品，对其了解还在较浅的层次，市场竞争尚不激烈，企业这时的营销重点是挖掘市场对产品的基本需求，可以采用无差异市场营销策略。当产品进入成长后期和成熟期时，消费者已经熟悉产品的特征，需求向深层次发展，表现出多样性，竞争日趋激烈，企业应适时地将策略转变为差异市场营销或集中市场营销。

3. 企业的市场特点

市场供求的变化通常决定了市场发展方向。供不应求时，企业的工作重点在于扩大供给，忽略市场需求的差异，常采用无差异市场营销策略；供大于求时，企业为刺激需求、扩大市场份额，常采用差异化市场营销策略或集中市场营销策略。从市场需求角度来看，如果客户对某产品的需求偏好、购买行为相似，可采用无差异市场营销策略；反之可采用差异市场营销策略或集中市场营销策略。

4. 竞争对手的策略

企业可与竞争对手选择不同的目标市场覆盖策略。例如，在竞争者采用无差异市场营销策略时，企业选用差异化市场营销策略或集中市场营销策略就更容易形成优势。

微课视频

1-15 市场定位策略

三、市场定位策略

（一）市场定位的含义

市场定位（Market Positioning）是指企业或产品在目标市场上所处的位置或形成的形象。企业在进行了市场细分和目标市场选择之后，为了取得竞争优势，根据目标市场上客户的需求情况，设计和树立特定的形象，并将这种形象传递给客户，以确定企业或产品在目标市场上适当的位置。

（二）市场定位策略的内容

音频

1-16 市场定位的一般步骤

1. 比附定位策略

比附定位策略就是比照名牌来给自己的产品定位，借助名牌的形象来提升自己产品的市场认可度。如沈阳金杯客车制造公司“金杯汽车，丰田品质”就属于此定位。这种策略的优点是企业及其产品可以较快地被客户所了解，易于达到树立市场形象的目的。

2. 属性定位策略

属性定位策略即根据特定产品的某项特色或特殊技术来定位。这是充分利用产品特性来定位的方式，适用于在某项技术上有特殊优势的企业或产品。如长城哈弗强调要做中国专业的 SUV，就属于此定位。

3. 利益定位策略

利益定位策略即根据产品所能满足的需求或所提供的利益、解决问题的程度来定位。这种定位方式其实是将使用者将来可获得的利益与产品结合起来，如“解放卡车，挣钱机器”就属于此定位。它有利于使客户形象地感知产品带来的利益，但如果定位过窄，可能会限制客户对产品的选择。

4. 避强定位策略

这是一种针对竞争对手的定位策略，即与某些实力较强的企业、常见的产品区分开，给自己的产品一个相反的定位，使自己的产品与对手的产品有显著的区别。这种策略的优点是，能使企业较快地在市场上占据一定位置，容易在客户中树立形象，侵权风险小。缺点是，该策略一般要企业放弃某个较好的市场位置，后期经营难度较大。

5. 创新定位策略

这种定位策略也被称为市场空档定位，是指企业寻找市场上尚无人重视或未被竞争对手控制的位置，填补市场上的空缺，生产市场上没有的、具备某种特色的产品。采用这种定位方式时，要注意创新定位所需的产品在技术上、资金上是否可行，有无足够的市场容量，能否为公司带来合理而持续的盈利。

提　示

其实企业常常会在进行市场定位时交叉采用多种策略，因为企业及产品形象的确定是多维度、多侧面的。同时定位也是动态的，要根据市场的变化适时调整定位的策略。

【学生活动实训】

1. 活动内容

小组选择一家汽车企业，查找资料，判断分析企业的市场细分、目标市场选择和定位策略，形成书面报告并进行分析说明。

2. 活动目的

灵活运用市场细分策略、目标市场选择策略、市场定位策略。

3. 活动步骤

（1）学生以 4 人为一个小组，选择确定进行分析的目标企业。

（2）在规定时间内，查找资料，讨论决策，形成书面报告。

（3）小组代表发言陈述。小组间答辩交流。

（4）教师进行指导并做出分析评价。

4. 活动评价

评价项目	是否达到活动目的（40%）	练习表现（40%）	职业素养（20%）
评价标准	① 完全达到 ② 基本达到 ③ 不能达到	① 积极参与 ② 参与主动性一般 ③ 不积极参与	① 大有提升 ② 略有提升 ③ 没有提升
自我评价（20%）			
组内评价（20%）			

续表

评价项目	是否达到活动目的（40%）	练习表现（40%）	职业素养（20%）
组间评价（30%）			
教师评价（30%）			
总得分（100%）			

满满正能量

发展社会主义市场经济

发展社会主义市场经济，既要高度重视政府的作用，也要高度重视市场的作用，我国一直在致力于处理好政府与市场的关系。市场通过价值规律、竞争规律、供求规律等在资源配置中起决定性作用，市场决定资源配置，提升资源配置效率，最终提高我国经济的全要素生产率。政府则侧重于宏观管理调控、制定市场规则、规范市场秩序、建立社会诚信、提升公共服务质量、完善社会保障等方面，切实为市场主体创造良好的发展环境。

在我国社会主义市场经济体制建立和完善的过程中，只有找到政府行为和市场功能的最佳结合点，才能更好地实现我国经济的高质量发展，才能更好地满足人民日益增长的美好生活需要。

项目二
汽车购买行为分析

购买行为是人们为了满足某种需要，在购买动机的驱使下进行的购买商品或服务的活动。汽车购买行为是指汽车客户为了满足对汽车的需求而购买汽车的活动。研究并掌握汽车购买行为的特点和规律，能够帮助汽车销售顾问更好地与客户沟通，促使客户进行决策。

|任务一　汽车购买行为的动机及影响因素|

【课程导航】

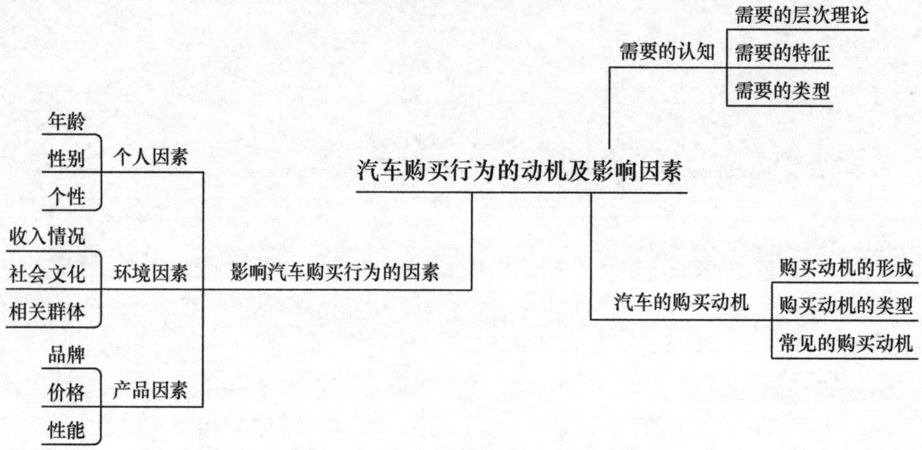

【学习目标】

- 知识目标

了解需要和动机的概念。

掌握影响汽车购买行为的因素。

- 能力目标

能够根据不同客户的具体特征分析其汽车购买行为。

【任务描述与分析】

任务描述：一天，汽车销售顾问小刘看到三位客户在汽车销售展厅里发生争执，在有经验的销售顾问老李的协调下才最终得以化解。事后小刘找到老李了解情况，老李告诉她："这是一个三口之家，因为买哪款车、购车的价位与购车的颜色等问题产生了分歧。"

任务分析：作为一个汽车销售顾问一定要知道，由于汽车本身价格较高、种类较多、差别较大，客户在购买汽车之前需经过仔细思考，才能做出购买决定。而客户在做出购买决定的过程中，会受到很多因素的影响。所以我们必须了解影响客户购买行为的因素，才能更好地为客户提供服务。

【相关知识】

一、需要的认知

需要是指人对某种目标的渴望和欲求，它指引和推动人为了实现目标而实施各种行为。因此，了解客户的需要，是研究客户购买行为的切入点。

提 示

在本项目中，我们讨论购买行为时涉及"需要"和"需求"两个概念，其含义对比如下：需要是一种主观愿望，是一种欲望和要求，是无限制的；需求则是有支付能力约束的需要，是受条件限制的。

（一）需要的层次理论

美国心理学家马斯洛提出的需要层次理论将需要分为五个自下而上的层次，即生理需要、安全需要、社交需要、尊重需要、自我需要。当人的低级需要得到满足后，就会开始追求更高一级的需要。

提 示

不同需要层次的客户对汽车的要求是不同的。如果客户购买汽车只是为了解决自己的出行问题，那么他想要的可能就是一辆经济实惠、简单实用的汽车。客户不同类型的需要通常会通过他的意向、愿望、兴趣体现出来。销售顾问可以在与客户的交谈中了解客户的需要层次，明确洽谈的重点。

（二）需要的特征

尽管客户的实际需要是多种多样的，但都有一定的倾向性和规律性，概括起来有以下几个方面。

音频

2-1 客户需要的特征

1. 多样性

由于客户的性别、年龄、民族、文化程度、职业、收入水平、社会阶层、宗教信仰、生活方式、个性心理特征等不同，因而在需要的内容、层次等方面千差万别，这要求汽车生产企业能为客户提供更为丰富多彩的商品。

2. 伸缩性

需要受到内、外等多种因素的影响和制约。当客观条件发生变化或不明朗（如油价上涨，政府出台限制私家车使用的政策）时，就会抑制客户的需要，出现持币待购的现象。当客观条件有利于消费（如车价大幅下降，消费税下降）时，客户潜在的购买需要会提前释放。所以，创造一个有利于客户购车的环境，是促进汽车购买的有力保障。

3. 替代性

客户的需要可以用不同的方式来满足。比如一个城市发布摩托车禁行令后，原来的摩托车用户就会购买汽车或其他交通工具来满足自己出行的需要。即使是同一种需要也并不是只有一种实现途径，比如客户需要使用汽车时并非一定要购买，也可选择租赁。

4. 诱导性

客户的需要是可以引导和调节的。通过引导可以使客户的需要发生变化和转移，潜在的需要会变为现实的行动。客户在受到广告、促销活动、周围环境变化、流行性购买的影响时需要的诱导性表现最为明显。因此，汽车厂商应注意引导、调节和培养某些被细分的个人购买市场，强化广告和促销手段的应用，提高市场占有率。

5. 周期性

有一些需要在获得满足后，在一定时间内不再产生，但随着时间的推移还会重新出现，显示出周而复始的特点。这种重复出现的需要，在形式上总是不断翻新，需要的内容才会丰富、发展。这种周期性往往和生物有机体的功能及自然界环境变化的周期相适应，也同汽车使用年限、社会风尚及人的购买习惯、工作与闲暇时间、固定收入获得时间等相关联。

6. 发展性

个人的需要具有从低级向高级发展的趋向。在现代社会中，各类购买方式、购买观念、购买结构是与个人的需要一起与时俱进的。汽车商品的发展也会永无止境。客户对汽车的安全、节能、环保、舒适等性能的要求是越来越高的。

（三）需要的类型

就目前我国汽车消费情况看，汽车的购买需要主要有以下类型。

微课视频

2-2 汽车客户需要的类型

1. 代步工具型

多数人购买汽车是用来代步的。有的因家距离单位远，有的因要送孩子上幼儿园、上学。周末和节假日，一家人还可以开车去郊游甚至到另一个城市去玩。因而，此类客户需要的是代步工具。

2. 享受生活型

有的人购买汽车除了为了代步，也是为了享受生活。汽车的便捷性使车主能尽情地享受生活。此类客户买车就是为了满足享受生活的需要。

3. 显示地位型

有些人买汽车，主要不是为了代步，也不是为了享受生活，而是为了彰显地位，为了满足被尊重的需要。

4. 开展业务型

有的人为了开展公司业务，需要使用汽车。正由于有了汽车，业务才开展得更方便、快捷，才争取了更多宝贵的时间，赢得了信誉、合作，也赢得了经济效益。

5. 结交朋友型

此类基本上属于从属类型。自己有汽车，平时上下班用；朋友有急事，也可以借其一用。

二、汽车的购买动机

当需要有了明确的目标时，会转化成购买动机。购买动机是指为了满足一定的需要，引起的人们购买某种商品或服务的愿望或意念。

提 示

由于人的生理需要和社会需要复杂多样，支配客户购买行为的购买动机往往是混合的，多种购买动机形成一个购买动机体系。如果这些购买动机一致，则会有力地推动购买行为；如果这些购买动机相互矛盾或抵触，购买行为取决于倾向与阻碍两种动机的对比，二者势均力敌，则要依赖其他因素来决断。

（一）购买动机的形成

客户购买动机的形成有两个条件：一是内在条件，即需要，并能达到一定强度；二是外在条件，即诱因，要有能满足其需要的合适的商品或服务。

购买动机的目标和强度是可以被诱导的。如某汽车客户在购买汽车之前，可能已经有了一定的想法，但在4S店看过汽车，并经过汽车销售顾问介绍后，想法可能会有较大的改变。在这个过程中，汽车的展示和试乘试驾、媒体宣传、汽车销售顾问的建议及其购车方案等都成为诱导汽车客户购买动机的因素。

（二）购买动机的类型

微课视频

2-3 一般性购买动机

客户一般性购买动机是针对客户从事购买商品的原因和驱动力而言的，具体可分为生理性购买动机和心理性购买动机两大类。

1. 生理性购买动机

生理性购买动机是指客户由于生理本能的需要而产生的购买动机。客户为了满足、维持、保护、延续及发展自身，必然会产生激励其购买所需要的商品的动机，而这类动机大多是建立在生理需要的基础之上，具有明显、稳定、简单、重复、个体间差异小的特点。

2. 心理性购买动机

心理性购买动机是指客户由于心理需要而产生的购买动机。由于客户心理活动的复杂性，心理性购买动机比生理性购买动机更为复杂多变，难以掌握。心理性购买动机是人所特有的，具有深刻、隐匿、多样和个体间差异大等特点。

（三）常见的购买动机

微课视频

2-4 汽车客户的购买动机

汽车客户购车常见的动机有以下几种。

1. 出行代步

有些客户购车主要用于上下班，是为了出行较为方便、轻松。这类客户关注的是价格实惠、节能省油、驾控方便。

2. 家庭需要

这类购车动机包括：新婚购车；家庭日常出行，如购物，休闲度假，走亲访友，接送老人、小孩、孕妇等。这类客户关注的是安全保障、空间舒适、驾控方便。

3. 纯粹商用

有些客户购车是为了接送客户、职员，外出商务洽谈，运输货物，载客运营等。这类客户关注的是汽车品牌、安全性、舒适度，要求外观稳重大气、符合并能够彰显企业形象及实力。

4. 一车多用

有些客户购车是为了一车多用，既可家用，也可商用。这类客户购车会兼顾车辆的外观和内在性能。

5. 更新换代

由于生活水平提高，为改善生活质量，客户会换购新车。这类客户关注的是汽车品牌、档次、性能细节以及售后服务。

6. 精神追求

这类购买动机包括：效仿他人；提升个人形象，体现身份地位；热衷于汽车生活，享受驾驶快感；收藏车型等。这类客户关注的是汽车的品牌、档次、性能、知名度和稀缺性。

三、影响汽车购买行为的因素

（一）个人因素

个人因素是指对客户购买行为产生影响的个人特征，主要由年龄、性别以及个性等因素组成。

1. 年龄

处于不同年龄阶段的同一个人，审美观、价值观等会有所不同，从而表现出不同的购买行为。本书将分析两个年龄段的客户购买行为特点，即青年客户、中年客户。由于老年客户、儿童客户并非汽车主要消费群体，因而这里不加赘述。

（1）青年客户

青年客户一般已具备独立购买商品的能力，具有较强的自主意识，尤其是有了经济收入的青年客户，由于没有过多的负担，独立性更强，购买力也较高。因此，青年客户具有很强的购买潜力。

青年客户的特点如下。

① 追求时尚，喜欢求新。青年人思维活跃，富于想象，勇于创新，渴求新知，追求时尚，对新商品有极大的兴趣，喜欢更换品牌体验不同的感受。青年客户往往是新商品或新的消费方式的尝试者、追求者和推广者。

② 突出个性，表现自我。青年客户一般都追求个性独立，希望形成完善的自我形象，愿意表现自我个性与追求，常常喜欢个性化的商品，有时还会将所购汽车同自身的理想、职业、爱好、时代特征和喜欢的名人等联系在一起。

③ 崇尚品牌与名牌。青年客户接触信息广，社交活动多，并希望在群体活动中体现自身的品位与价值。反映在消费行为方面，他们往往特别注重商品的品牌与档次，虽然也要求商品性能好、价格适中，但对商品的品牌要求却越来越高。

④ 注重情感，冲动性强。青年期处于少年到成年的过渡阶段，因而思想倾向、志趣爱好等还不完全稳定，行动上易受感情支配。在消费购买行为中，表现为易受客观环境的影响，感情变化剧烈，经常发生冲动性购买行为。这种直观选择商品的特点使他们往往容易忽略综合考虑选择的必要，款式、颜色、形状和价格等因素都能单独成为青年客户的购买动机，这

是冲动购买的典型表现。

（2）中年客户

中年客户一般是指35岁以上到退休年龄阶段的客户。他们大多处在购买决策者的位置，购买的商品既有家庭日用品，也有个人、子女、父母的穿着类商品，还有大件等耐用型商品。因此，了解中年客户的特点对汽车厂商制定正确的营销决策具有重要意义。

中年客户的特点如下。

① 理智性强，冲动性小。中年客户购买经验丰富、情绪稳定，多以理智支配个体行为，冲动性的购买行为不常见。他们常常会对商品的实用性、价格和外观等方面进行综合考虑，从购买动机形成到实施购买往往经过多次分析与比较，冲动性小。

② 注重传统，创新性小。中年客户不再完全按照自己的兴趣爱好选择商品和购买方式，而是更多地考虑他人的看法，以维护自身的形象，尽量与周围的人保持一致。

③ 计划性强，盲目性小。由于中年客户大多是家庭开销的主要承担者，生活压力大，经济负担重，且受到经济条件限制，因此消费习惯呈现出勤俭持家、精打细算的特点，以量入为出作为原则，计划性强，较少发生计划外的购买行为。

2. 性别

性别是客户自我概念的重要组成部分，人们的购买行为往往遵从所处的文化与社会环境对于某一性别的期望。

（1）男性客户购车特点

男性购车动机比较被动，通常购买动机的形成是由于外部因素作用，如工作需要等。加之，男性独立性和自尊心强，善于控制自我情绪，能冷静地权衡利弊，在购车过程中不易受感情支配，如男性主要考虑车辆的性能、质量、品牌、售价和售后服务等，当某一产品能满足以上需求，购车动机形成后，会果断做出购买决策。

（2）女性客户购车特点

女性购车动机有较强的主动性和灵活性，相较于男性，女性的购车动机易受外界因素的影响，如汽车广告宣传、促销活动、销售顾问的介绍以及亲友的意见等都会使女性客户临时改变购车计划。此外，女性的感情比较丰富、细腻，富于幻想，购车行为带有强烈的感情色彩，不仅将汽车看作代步工具，对汽车的外观、颜色、内饰以及配置等期望值比男性更高。

3. 个性

个性是指一种与众不同的、独特的心理特性，包括客户的气质、性格、能力、兴趣等，个性是影响客户购买行为的主要因素之一。

（1）气质

气质是人的个性心理特征之一，它是指在人的认识、情感、言语、行动中，心理活动发生时力量的强弱、变化的快慢和均衡程度等稳定的动力特征，主要表现在情绪体验的快慢、强弱，表现的隐显及动作的灵敏或迟钝等方面。

（2）性格

性格是指一个人对现实比较稳定的态度和习惯化的行为方式。它是个性中最重要、最显著的心理特征。它通过对事物的倾向性态度、意志、活动、言语及外貌等方面表现出来，是个体本质属性的独特组合，是人的主要个性态度的集中体现。性格一般可分为理智型、情绪型、意志型三种。理智型客户是喜欢经过周密思考，详细权衡各种因素后再做出购买决策的客户；情绪型客户的情绪反应比较强烈，购买行为带有较强的感情色彩；意志型客户的购买目标明确，行为积极主动，决策坚决果断。

（3）能力

能力是一种顺利完成某种活动所具备的，并且影响活动效果的个性心理特征，比如对汽车产品的感知、辨别、分析、评价能力。能力与客户的购买行为联系紧密，能力强的客户购车时不希望销售顾问多加干预，能力差的客户则需要尽量好的参谋。

（4）兴趣

兴趣是指人们积极地探究某种事物或喜爱某种活动的一种倾向。兴趣有助于客户积极地认识商品，为未来购买活动做准备，从而触发其购买的动机。汽车销售顾问应注意了解和挖掘客户的兴趣点，激发客户的购买热情。

（二）环境因素

选购汽车时，客户所生活的环境，如社会阶层、文化环境，以及生活工作中的相关群体等因素都会影响汽车客户的购买行为。

1. 收入情况

高收入人群一般具有一定的社会地位，更加关心尊重与自我实现，处于这一阶层的客户的购买行为对其他阶层有着示范效应。汽车销售顾问应着重宣传汽车的独特性，重点介绍汽车品牌与文化背景，以凸显客户的社会地位。

中等收入人群的收入较稳定，购车时更加关注汽车的质量、车型、品牌以及售后服务等。汽车销售顾问应注意服务质量和汽车推介过程。

低收入人群在购车时首选实用性强的客货两用车与稍低档汽车，若用于营运、租赁，购车动机为求廉。汽车销售顾问应着重介绍实用性与价格。

2. 社会文化

社会文化是指社会意识形态，包括文学、艺术、教育、道德、宗教、法律、价值观念、风俗习惯等。文化的各个因素以多种形式构成了一个社会的规范与价值标准体系，影响和制约着社会成员的行为，这其中也包括汽车客户的购买行为。

3. 相关群体

相关群体是指对客户的思想、态度、信念的形成有影响的社会关系，如亲朋好友、所属社区、职业岗位等。相关群体会影响客户对某汽车品牌的态度，影响客户的购买内容和购买模式，并可能潜移默化地导致客户间的效仿、比较，进而出现商品流行现象。

（三）产品因素

客户选购汽车时，汽车的品牌、外观、用途、价格和性能等因素都会影响其购买行为。

1. 品牌

品牌是一种能给拥有者带来溢价、产生增值的无形资产，它的载体是用于和其他竞争者的商品或劳务相区分的名称、符号、象征、设计及其组合，增值的源泉来自于客户心目中形成的关于其载体的印象。由于众多汽车厂商的产品质量参差不齐，品牌形象决定了汽车客户对品牌的认知度，代表了企业形象、信誉以及售后服务，因此，客户对汽车品牌的选择成为购车时考虑的重要因素。

2. 价格

价格是一种从属于价值并由价值决定的货币价值形式。随着我国经济发展，私人客户已经成为汽车消费市场的消费主体。汽车价格过高会使客户产生观望心理，价格过低会产生待购心理，而车价平稳时则会使客户产生从容心理。

3. 性能

汽车性能通常是指车辆的动力性、安全性、燃油经济性、制动性、操控稳定性、行驶平顺性、通过性等汽车的使用性能。随着时代的发展和科技的进步，客户对车辆性能的关注点也越来越广泛和全面，从传统的动力性、安全性逐步扩大到环保排放、车辆工艺等方面。

【学生活动实训】

1. 活动内容

组织学生参观1～2家汽车销售服务4S店，听取工作人员的经验介绍和讨论，分析不同类型汽车客户的不同消费需求及其表现形式。

2. 活动目的

了解和分析不同类型汽车客户消费需求的表现形式。

3. 活动步骤

（1）联系汽车销售服务4S店及相关人员进行座谈。

（2）学生小组讨论，形成书面报告。

（3）小组代表在课堂上发言并和大家进行交流。

（4）教师点评并做出评价。

4. 活动评价

评价项目	是否达到活动目的（40%）	练习表现（40%）	职业素养（20%）
评价标准	① 完全达到 ② 基本达到 ③ 不能达到	① 积极参与 ② 参与主动性一般 ③ 不积极参与	① 大有提升 ② 略有提升 ③ 没有提升
自我评价（20%）			
组内评价（20%）			
组间评价（30%）			
教师评价（30%）			
总得分（100%）			

任务二　汽车购买决策

【课程导航】

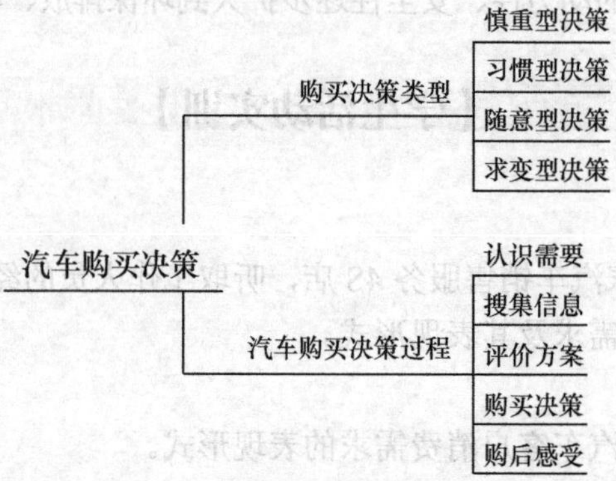

【学习目标】

- 知识目标

了解汽车客户购买行为的决策类型。

熟悉汽车客户的购买决策过程。

- 能力目标

能区分不同汽车客户购买行为的决策类型。

能判断汽车客户所处的购买决策过程阶段。

【任务描述与分析】

任务描述：汽车销售顾问小刘的师傅老李是一位很成功的汽车销售顾问，在工作中他总是能从容地面对不同的客户，而且还有很多客户是老客户介绍来的，这样使得老李总是有很好的销售业绩。于是小刘找到老李请教。

任务分析：老李告诉她，客户的购买行为会因为购买决策类型的不同而变化，针对不同类型的客户要采用不同的策略，客户的一个完整购买过程结束于购买后评价，提高客户的购买后评价，可以得到更多的客户转介绍。

【相关知识】

一、购买决策类型

购买决策是指客户谨慎地评价某一商品、品牌或服务的属性并进行选择和购买，以满足某一特定需要的过程。

提　示

广义的购买决策是指客户为了满足某种需要，在一定的购买动机的支配下，在可供选择的两个或者两个以上的购买方案中进行分析、评价、选择，并实施最佳的购买方案，以及购后评价的活动过程。

购买决策通常是把决策过程的复杂程度与购买行为的特点结合起来进行分类的。

（一）慎重型决策

慎重型决策是指客户需要经过大量的信息搜集、全面的商品评估、慎重的购买决定才能做出的决策。一般来说，客户在购买不熟悉、价格比较高、风险较大、质量可靠性较重要的商品时，都会采取慎重型决策。例如，某客户准备购买一台新上市的汽车，通过广告、商品说明、熟人介绍以及汽车销售顾问推介等方式，搜集该汽车的性能、质量、功能设计、操作特点以及售后服务等信息，比较该汽车与其他品牌汽车的优劣，最后决定是否购买。

（二）习惯型决策

习惯型决策是购买者对某商品的种类、特征和主要品牌等都比较了解，按照自己的购买习惯或品牌偏好选择某商品，大多数日用消费品的购买属于此类型。

（三）随意型决策

随意型决策是客户在一定购买环境下临时做出的购买决策。此类购买行为通常没有明确的购买目标和计划，如客户漫无目的地浏览商品，碰到感兴趣的商品或受环境气氛的影响就决定购买。通常情况下，汽车购买不属于随意型决策。

（四）求变型决策

有些商品品牌之间虽有差别，但客户并不倾向于做习惯型决策，也不愿多花时间选购，而是不断变换所购商品的品牌。例如，在购买零食类商品时，常常会尝试新的商品。这样做往往不是因为对商品不满意，而是为了寻求多样化。

微课视频

2-5　汽车客户的购买决策过程——认识需要

二、汽车购买决策过程

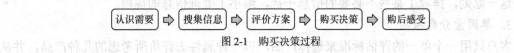

购买决策过程由认识需要、搜集信息、评价方案、购买决策和购后感受五个阶段构成，这五个阶段代表了购买者从认识商品和服务需要到评估购买的总体过程，如图 2-1 所示。

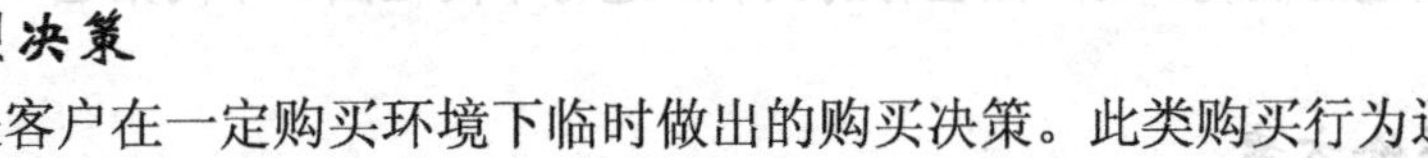

图 2-1　购买决策过程

（一）认识需要

购买决策过程始于购买者对某个问题或需要的认识，即购买者意识到一种需要，并有满足需要的冲动。需要是由客户理想状态与现实状态之间的差异引起的。当客户对情境的希望与情境的实际状态之间产生差异时，会受到内、外两方面因素的影响。例如，汽车客户认识到周围的同事和亲友都有了汽车，这是外部因素；同时又想免于上班前挤地铁，这是内部因素。在内、外两方面因素的影响下，汽车客户认识到自己有购车的需要。

（二）搜集信息

微课视频

2-6 汽车客户的购买决策过程——搜集信息

决策制定的第二步是搜集信息。一旦客户意识到一个问题或需要能通过购买某种商品或服务得到解决，他们便开始寻找制定购买决策所需的信息。

信息搜集可以由内部或外部或内、外部同时产生。内部信息搜集是对记忆中原有的信息进行回忆的过程。这种信息很大程度上来自以前购买某商品的经验。因此，对许多习惯性、重复性购买来说，使用储存在记忆里的、过去所获得的信息就足够了。如果内部搜寻没有产生足够的信息，客户便会通过外部搜集来得到另外的信息。客户的外部信息来源可分为以下四种渠道。

① 个人来源：家庭、朋友、同事、熟人。

② 商业来源：广告、推销员、经销商、包装、展览。

③ 公共来源：大众媒体、客户评价机构。

④ 经验来源：商品的操作、检查与使用。

这些信息来源的相对丰富程度与影响程度随商品类别与购买者特征的不同而各异。一般来说，最初的商品信息主要来自商业来源，最有效的信息来自个人来源。客户根据自己对商品或服务感兴趣的程度、对产品已有的认识，进行不同范围、不同渠道的信息搜集。

（三）评价方案

音频

2-7 汽车客户的购买决策过程——评价方案

在这个阶段中，客户会使用记忆中存储的和从外界信息源获得的信息，形成一套标准。这些标准将帮助客户评估和比较各种选择。当然，客户使用的评价过程和评价标准也不尽相同，甚至同一个客户在不同的购买情境下的评价过程也不相同。

客户在实际的购买过程中可能采用的决策原则主要有以下几种。

1. 理想品牌原则

客户心中树立一种理想产品，并用实际产品与理想产品进行比较，实际产品越接近理想产品就越容易被客户所接受。

2. 多因素关联的决策原则

客户为产品的各种属性规定了一个最低可接受水平，只有所有这些属性都达到了规定水平时，该产品才可被接受；而对于没有达到这一可接受水平的其他品牌的产品都不予考虑。运用这一原则，排除了某些不必要的信息干扰，缩小了处理信息的规模。

3. 单因素分离原则

客户只用一个单一的评估标准来选择产品，以一种属性去评价所考虑的几种产品，并从中选出最符合评价标准的产品。

4. 排除法的决策原则

客户以不同的标准衡量各备选产品方案，再不断地排除，直到剩下最后一个为止。

5. 词典编辑原则

这类方法类似于编辑词典时所采用的词条排序法，即首先将产品的一些属性按照自己认为的重要程度，从高到低排出顺序，然后再按顺序依次选择最优品牌。

（四）购买决策

微课视频

2-8 汽车客户的购买决策过程——购买决策

购买决策与真正的购买行为并不是一回事。在一般情况下，客户一旦选择购买哪个品牌的产品，就会执行这个决策并真正地购买。但在客户即将购买时，也许会出现某些未预料到的情况，从而改变了他们的购买意向。以下两方面因素容易对客户的购买决策产生影响。

1. 相关群体的影响

每个人都生活和工作在家人、朋友、同事当中，个体的行为一旦与相关群体的其他成员不一致时，便会感到来自群体的压力，这种压力常会影响客户的决策。

2. 突发事件的影响

某些突发事件可能改变客户购买的初衷，如产品质量、品牌形象、企业经营等方面出现负面消息，会对客户的决策产生不利影响。

汽车销售顾问在客户进行购买决策的过程中要注意防范以上风险的发生。在此阶段，应向客户提供更多、更详细的产品信息，使客户排除疑虑，做出购买决策。

（五）购后感受

微课视频

2-9 汽车客户的购买决策过程——购后感受

1. 预期满意理论

客户通过自己的使用和他人的评价，对购后决策进行再评价，来判断其购买是否满意。客户对其购买活动的满意度（Satisfaction），是其对商品的期望（Expectation）和该商品可察觉性能（Perceptibility）的函数。如果该商品可察觉性能与客户对商品的期望基本一致，则客户会感到满意；如果该商品可察觉性能低于客户对商品的期望，则客户会不满意；如果该商品可察觉性能高于客户对商品的期望，客户则会非常满意。

2. 认识差距理论

客户通过自己对商品的主观评价与客观实际之间的差距来判断其购买是否满意。客户对商品的主观评价高于客观实际，则产生正差距，客户感到满意；客户对商品的主观评价低于客观实际，则产生负差距，客户感到不满意。

【学生活动实训】

1. 活动内容

组织学生参观1～2家汽车销售服务4S店，以座谈会的形式听取工作人员的经验介绍，并对不同类型客户的购买行为以及它们是如何影响客户购买决策的进行讨论。

2. 活动目的

了解和分析不同类型客户的购买行为对购买决策的影响结果。

3. 活动步骤

（1）联系汽车销售服务4S店并与相关人员进行座谈。

（2）学生小组讨论，形成书面报告。

（3）小组代表在课堂上发言并和大家进行交流。

（4）教师进行点评并做出评价。

4．活动评价

评价项目	是否达到活动目的（40%）	练习表现（40%）	职业素养（20%）
评价标准	① 完全达到 ② 基本达到 ③ 不能达到	① 积极参与 ② 参与主动性一般 ③ 不积极参与	① 大有提升 ② 略有提升 ③ 没有提升
自我评价（20%）			
组内评价（20%）			
组间评价（30%）			
教师评价（30%）			
总得分（100%）			

满满正能量

奋斗的青春最美丽

人的一生只有一次青春。奋斗的青春才称得上美丽，奋斗的人生才称得上幸福。现在的时代，是创造美好生活的时代，是奋斗者的时代。到处是施展聪明才智的舞台，到处是“英雄可用武之地”。时代召唤更多有志青年为之努力，只要肯学习、肯钻研、肯吃苦，练就一身真本领，掌握一手好技术，就能在创新中体现价值，在拼搏中展现风采。

新时代新作为，让我们在“数风流人物还看今朝”的气概中起航，在各行各业的不同岗位上用奋斗书写青春美丽的风采。

项目三 汽车营销组合策略

在市场竞争日益激烈的今天，营销工作在企业中越发重要。每个企业在从事营销活动时，都离不开产品、价格、渠道、促销这四个方面，这也是经典的 4P 理论的核心内容。在本项目中，我们将学习汽车企业的 4P 策略。

|任务一　汽车产品策略|

【课程导航】

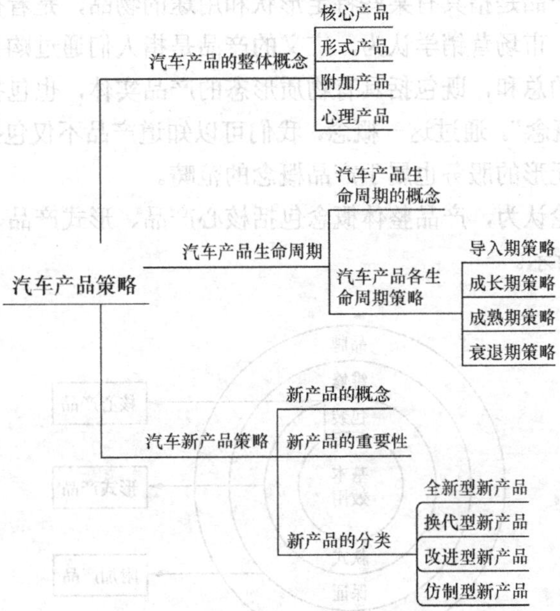

【学习目标】

- 知识目标

了解汽车产品的整体概念。

了解汽车产品生命周期的概念。

掌握新产品策略。

- 能力目标

能对某企业现有产品项目特征进行分析。

能模拟策划新产品开发方案。

【任务描述与分析】

任务描述：小刘作为一名刚上岗的汽车销售顾问，对所销售的汽车产品的了解只限于汽车的使用性能。但她的师傅老李告诉她，任何产品都是有层次、有生命周期的，新产品的开发也是由很多因素决定的，这些对企业而言都称为产品策略。小刘听到后决定要好好了解和掌握产品策略。

任务分析：产品是企业的生命线。每家汽车公司都有多个车型上市销售，每个车型都有各自的特点，同时每家公司也在不断地推出新的产品来替换老的产品。企业为什么要这样做呢？这些做法被称为企业的产品策略。销售顾问要对产品有全面的理解。

【相关知识】

一、汽车产品的整体概念

人们通常理解的产品是指具有某些特定形状和用途的物品，是看得见、摸得着的东西，这是一种狭义的定义。市场营销学认为，广义的产品是指人们通过购买而获得的能够满足某种需求和欲望的物品的总和，既包括具有物质形态的产品实体，也包括非物质形态的利益，这就是“产品的整体概念”。通过这一概念，我们可以知道产品不仅包括实物的汽车，汽车维修保养、汽车保险等无形的服务也属于产品概念的范畴。

现代市场营销理论认为，产品整体概念包括核心产品、形式产品、附加产品和心理产品四个层次，如图 3-1 所示。

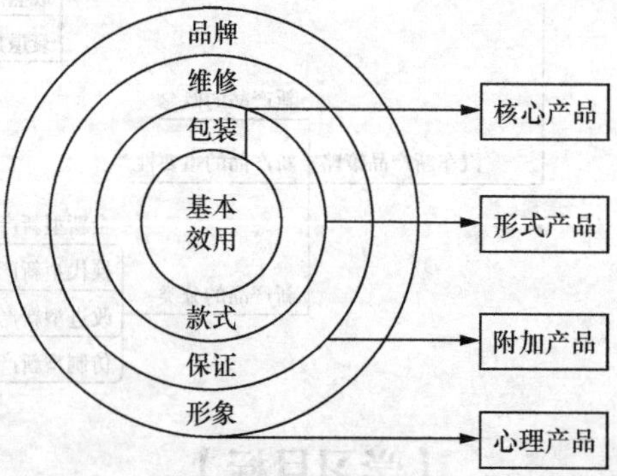

图 3-1　产品整体概念

（一）核心产品

核心产品也称实质产品，是指消费者购买某种产品时所追求的核心利益，是顾客真正想要买的东西，因此它在产品整体概念中也是最基本、最主要的部分。

消费者购买某种产品，并不是为了占有或获得产品本身，而是为了获得某种效用或利益。如买车是为了运输，买汉堡是为了充饥，买化妆品是希望变得更美丽。企业在产品开发和营销时应明确产品所能提供的利益，这样产品才能吸引有相应需求的客户。

（二）形式产品

形式产品是核心产品借以实现的形式，即向市场提供的实体或服务形象。如果形式产品是实物产品，则形式产品通常表现为产品质量、款式、特色、包装等。

产品的基本效用必须通过某些具体的形式来实现。以电冰箱为例，核心产品指电冰箱的制冷功能，形式产品指它的质量、造型、颜色、容量等。企业应了解客户在实现核心利益时所期望和追求的形式，进行形式产品的设计研发。

（三）附加产品

附加产品是客户购买形式产品时所获得的各种附加服务和利益，包括提供贷款、免费送货、质量保证、安装、售后服务等。

客户购买各种产品的目的是为了满足某种需求和欲望，因而希望得到与满足该需求相关的更多的附加服务和利益。企业要深入认识客户的这些“希望”，以附加产品的形式提供给客户。

汽车作为特殊产品，在使用过程中需要售后持久、稳定地发挥效用，因此随着市场竞争的激烈展开和客户要求的不断提高，汽车附加产品越来越成为竞争获胜的重要手段。

（四）心理产品

心理产品是指产品的品牌和形象提供给客户的心理满足。

产品的消费往往是生理消费和心理消费相结合的过程。随着生活水平的提高，人们越来越重视产品的品牌给消费者自身形象带来的影响，因此它也是产品整体概念的重要组成部分。

提　示

请同学们思考，汽车的四个产品层次分别是什么。

汽车的核心产品为汽车的运输功能，形式产品为汽车的款式、造型、颜色，附加产品为汽车的登记挂牌、延期质保、无息贷款等服务，心理产品为汽车品牌给客户带来的形象提升。在核心产品（运输功能）相似的情况下，汽车企业可以从形式产品、附加产品、心理产品这几个层次来提升产品的竞争力。

二、汽车产品生命周期

（一）汽车产品生命周期的概念

汽车产品生命周期是指汽车产品从试制成功、投入市场开始到被市场淘汰为止所经历的全部时间过程。一般来说分为四个阶段，即导入期、成长期、成熟期和衰退期，如图 3-2 所示。

汽车产品的使用寿命是指汽车产品从投入使用到损坏报废所经历的时间，它受汽车产品的自然属性和使用频率等因素的影响。

汽车产品生命周期不同于汽车产品的使用寿命。汽车产品生命周期的长短受汽车消费者需求变化、汽车产品更新换代速度等多种市场因素的影响，是汽车产品的市场寿命。

（二）汽车产品各生命周期策略

汽车产品从进入市场到被市场淘汰，为一个生命周期。生命周期的各个阶段具有不同的特点。对处在不同阶段的产品，企业也应采取不同的营销策略。

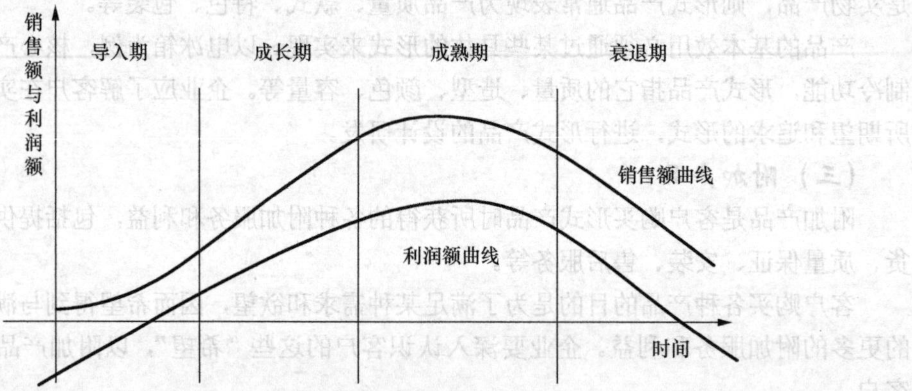

图 3-2 产品生命周期

1. 导入期策略

导入期亦称介绍期，是指汽车产品投入市场的初期阶段。

这个时期的主要特点是：某汽车新产品刚上市，消费者对该产品不够了解，企业销量增长缓慢，产品的广告宣传费用高；该种产品的生产能力尚未全部形成，生产批量小，成本高，利润小甚至无利。此阶段风险最大，企业应尽快结束这个阶段，让汽车消费者尽早接受该新产品。这个阶段的产品策略重点是建立产品的初步需求，努力提高产品的知名度。

2. 成长期策略

成长期是指汽车产品经过导入期的销售，消费者对该汽车新产品有所了解，产品的销路打开，销售量迅速增长的阶段。

此阶段新产品开始大批量生产，分销渠道已经形成，成本降低，利润开始增长，竞争者逐渐加入。成长期的产品策略重点是创建品牌的知名度，提高品牌的偏爱度，促使顾客在出现竞争性产品时更加喜爱本企业的产品。

3. 成熟期策略

成熟期是指汽车产品的市场销售量已达到饱和状态的阶段。

成熟期阶段的产品销售量最高，销售量增长率较前一阶段放缓，利润总额较高，利润率相对下降，市场竞争者数量较多，竞争激烈。此时的产品营销策略应重点放在延长生命周期、提高产品竞争力上，通过获得竞争优势，维持大的销售量，从该产品中获得尽可能多的利润。

4. 衰退期策略

衰退期是指汽车产品已经陈旧老化、被市场淘汰的阶段。

在这个阶段，随着销售量的急剧下降，可能会出现负利润，市场上新产品已经出现或即将上市。在此阶段，产品营销策略应是掌握时机，弃旧图新，进行转产，避免因犹豫观望或仓促停产而造成企业在时间、经济、效率、声誉等多方面的损失。

提 示

各种档次、各种类型的汽车产品生命周期不同，每种汽车产品经历生命周期各阶段的时间也不尽相同。有些汽车产品经过短暂的市场导入期，很快就到达了成长、成熟阶段；而有些汽车产品的导入期历经多年，才逐渐被广大汽车消费者所接受。同时，并不是所有汽车产品都要经过四个阶段，有的汽车产品一进入产品生命周期，尚属导入期就被淘汰了；也有些处于成长期的汽车产品，由于营销失策而“未老先衰”；还有些汽车产品一进入市场即处于成长阶段。

例如，亨利 · 福特设计的 T 型车，从投入市场到停产一共经历了 20 年的时间；而福特公司 1957 年推出的艾泽尔车，1959 年 11 月就被迫停产，其生命周期只有短短两年时间。

三、汽车新产品策略

（一）新产品的概念

新产品指采用新的技术、新的设计构思所研制和生产的全新产品，或在结构、材质、工艺等某一方面有明显改进，从而显著提高性能或扩大使用功能的产品。

音频

3-1 什么是新产品

对新产品的定义可以从企业、市场和技术三个角度进行。对企业而言，凡是第一次生产销售的产品都叫新产品；对市场来说，只有第一次出现的产品才叫新产品；从技术方面来看，在生产原理、结构、功能和形式上发生改变的产品才叫新产品。在本书中，我们认为凡是产品整体概念中任何一部分的创新、改进能给消费者带来某种新的感觉、满足利益的相对新或绝对新的产品，都叫新产品。

（二）新产品的重要性

新产品的开发关系着企业的生存和发展。在科技飞速发展的今天，客户对产品的要求在不断提高。为了紧跟时代的发展，为了满足客户对产品更高的要求，企业必须具备很强的新产品开发能力，更高效地开发能被市场认可的新产品，才能保持市场份额，取得竞争优势。

提 示

当今各大汽车厂商一般 5 年左右推出一款新车型，推陈出新的速度可谓汽车发展史上最快的。以一汽大众迈腾车型为例，2011 年迈腾 B7 款上市，2016 年新一代迈腾 B8 上市；而研发一款车型通常需要大约 4 年的时间，也就是说厂商在推出新产品的同时，就已经着手研发下一代产品了。

（三）新产品的分类

新产品按照新颖程度分类，可以分为以下几种类型。

1. 全新型新产品

全新型新产品是指采用新元素、新材料、新技术制造出来的前所未有的产品。全新型新产品是应用科学技术新成果的产品，它往往代表着科学技术发展史上的一个新的突破。它的出现，从研制到大批量生产，往往需要耗费大量人力、物力和财力。全新型新产品的研发成功，往往成为企业竞争取胜的有力武器。

音频

3-2 新产品的类型

2. 换代型新产品

换代型新产品是指生产产品的基本原理不变，部分地采用新技术、新结构、新材料、新工艺，在原有产品的基础上产生新用途、满足新需求的产品。它的开发难度较全新型新产品小，是企业进行新产品开发的重要形式。

3. 改进型新产品

改进型新产品是指产品的核心技术基本不变，只是改变了外观、形状、设计，或用途上有所扩大的产品。改进型新产品的开发难度不大，也是企业产品发展经常采用的形式。

4. 仿制型新产品

仿制型新产品是指对市场上已有产品进行仿制而推出的新产品。该类新产品可能在局部被重新设计或改进，但核心技术和结构保持不变。

【学生活动实训】

1．活动内容

（1）任选一家汽车企业，查找资料，列举这家汽车企业所推出的车型，填在下表的第一行，如果企业所销售的车型超过五项，请自行增加列数。

（2）在每个车型的下方空格内填上该车型产品的特征，如外形、动力、空间、特性等。

车型特征	车型 1：	车型 2：	车型 3：	车型 4：	车型 5：

（3）如果你负责该公司的下一代新产品开发，你会推出一款什么样的新产品？为什么？

2．活动目的

掌握产品的含义，以及新产品开发的策略。

3．活动步骤

（1）学生以 4 人为一个小组，讨论并填写表格。

（2）小组代表介绍小组活动完成情况。

（3）各小组间相互点评。

（4）教师进行指导并做出分析评价。

4．活动评价

评价项目	是否达到活动目的（40%）	练习表现（40%）	职业素养（20%）
评价标准	① 完全达到 ② 基本达到 ③ 不能达到	① 积极参与 ② 参与主动性一般 ③ 不积极参与	① 大有提升 ② 略有提升 ③ 没有提升

续表

评价项目	是否达到活动目的（40%）	练习表现（40%）	职业素养（20%）
自我评价（20%）			
组内评价（20%）			
组间评价（30%）			
教师评价（30%）			
总得分（100%）			

任务二 汽车价格策略

【课程导航】

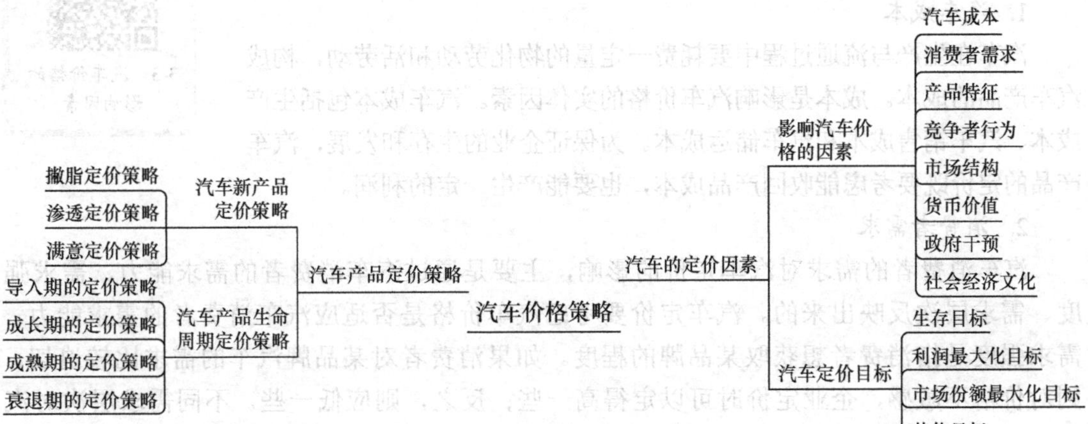

【学习目标】

- 知识目标

了解影响汽车价格的各种因素。

掌握汽车产品一般的定价目标。

掌握汽车产品的定价策略。

- 能力目标

能根据产品定价的影响因素制定产品价格。

能对各生命周期阶段的汽车产品制定价格策略。

【任务描述与分析】

任务描述：汽车销售顾问小刘发现，公司所销售的各款车型价格差别很大，而且一款车型的价格也不是一成不变的，有时会有一定的波动。她想，汽车产品的价格是如何制定的呢？

任务分析：汽车产品与其他许多产品一样，定价时要考虑成本、税金、费用、利润等因素，也受到社会文化、国家政策、市场竞争等因素的影响。为了实现不同的经营目标，如利润最大化、提高市场占有率等，企业会采用不同的价格策略。销售顾问需要了解和掌握汽车定价的知识，才能更好地完成工作。

【相关知识】

一、汽车的定价因素

（一）影响汽车价格的因素

汽车价格的高低，主要是由汽车包含的价值决定的。从市场营销的角度来看，汽车的价格除了受价值的影响之外，还要受以下八种因素的影响和制约。

微课视频

3-3　汽车价格的影响因素

1. 汽车成本

汽车在生产与流通过程中要耗费一定量的物化劳动和活劳动，构成汽车产品的成本。成本是影响汽车价格的实体因素。汽车成本包括生产成本、汽车销售成本和汽车储运成本。为保证企业的生存和发展，汽车产品的定价既要考虑能收回产品成本，也要能产生一定的利润。

2. 消费者需求

汽车消费者的需求对汽车定价的影响，主要是通过汽车消费者的需求能力、需求强度、需求层次反映出来的。汽车定价要考虑汽车价格是否适应汽车消费者的需求能力。需求强度是指消费者想获取某品牌的程度。如果消费者对某品牌汽车的需求比较迫切，则对价格不敏感，企业定价时可以定得高一些；反之，则应低一些。不同需求层次对汽车产品的定价也有影响，对于能满足较高需求层次的汽车，价格可以定得高一些；反之，则应低一些。

3. 产品特征

产品特征是指汽车产品的自身特色。若某款车型的品牌、造型、质量、性能、服务等较为优秀，受到市场认可，则该款车型在定价上就可占据有利地位，定价可高于其他同类车型。

4. 竞争者行为

汽车定价是一种具有挑战性的行为，任何一次汽车价格的制定与调整都会引起竞争者的关注，并导致竞争者采取相应的对策。在这种价格对抗中，竞争力强的汽车企业有较大的定价权，竞争力弱的汽车企业的自主性就小，通常追随市场领先者进行定价。

5. 市场结构

根据汽车市场的竞争程度，汽车市场结构可分为四种不同的类型：完全竞争市场、完全垄断市场、垄断竞争市场和寡头垄断市场。

6. 货币价值

价格是价值的货币表现。汽车价格不仅取决于汽车自身价值量的大小，而且取决于货币价值的大小。汽车价格是汽车与货币交换的比例关系。

7. 政府干预

为了维护国家与消费者的利益，维护正常的汽车市场秩序，国家会制定有关法规来约束汽车企业的定价行为。

提 示

近年来，我国对进口整车及零部件的税率政策进行了多次调整，对我国汽车产品的市场价格产生了重要影响。因此在制定产品价格时，政策法规是一项重要影响因素。

文档

3-4 国务院关税税则委员会关于降低汽车整车及零部件进口关税的公告

8. 社会经济文化

一个国家或地区的经济发展水平及发展速度高，人们收入增长快，购买力强，价格敏感性弱，有利于汽车企业较自由地为汽车产品定价。反之，一个国家或地区的经济发展水平及发展速度低，人们收入增长慢，购买力弱，价格敏感性强，企业就不能自由地为汽车定价。

（二）汽车定价目标

1. 生存目标

当产能过剩、竞争激烈或者消费者对产品的需求发生变化或转移时，汽车企业可以以追求生存为主要定价目标。只要价格可以弥补可变成本和部分固定成本，汽车企业就可以继续经营。生存只是一个企业的短期目标，从长远看，企业必须学会增加产品的价值，否则将会面临破产倒闭。

2. 利润最大化目标

汽车企业期望获得最大限度的销售利润，会以利润最大化作为汽车定价目标。一般来说，汽车企业以长期利润最大化为目标，但在某些特定情况下，如各大汽车公司生产的高科技或新科技的汽车，可能会以高价进入市场，以追求市场短期利润最大化为目标。

3. 市场份额最大化目标

以市场份额最大化为目标的企业认为，较低的产品价格可以带来较高的销量和较大的市场份额，进而形成较低的单位成本和较高的长期利润，因而制定最低价格。在以下情况下，汽车企业一般会采用低价渗透的定价目标：一是该产品的需求价格弹性较大；二是产品的生产成本随销量上升而下降，而利润则逐渐上升；三是市场上出现低价竞争者；四是本企业倾向于采用进攻型营销策略；五是企业实力雄厚，有能力承受低价带来的经济损失。

提　示

什么是需求价格弹性？

需求价格弹性是指市场商品需求量对于价格变动做出反应的敏感程度，通常用需求量变动的幅度对价格变动幅度的比值来计算。当需求量变动率大于价格变动率时，为需求富有弹性。该类型的商品在价格下降时，销售量增加的比率大于价格下降的比率，销售者的总收益会增加。当需求量变动百分数小于价格变动百分数时，为需求缺乏弹性。该类型商品在价格下降时，需求量增加的比率小于价格下降的比率，销售者的总收益会减少。

4. 其他目标

其他目标还有保持分销渠道通畅、避免价格战等。保持分销渠道通畅指定价时充分考虑经销商的利益，保证分销渠道的合理利润，使分销商有充分的积极性经营本品牌汽车产品。避免价格战指汽车厂商保持产品价格的相对稳定，避免与竞争者进行价格战。

二、汽车产品定价策略

对企业而言，制定产品的价格是一项非常重要的工作。在激烈的汽车市场竞争中，为了实现自己的营销战略和目标，定价时除了要考虑产品的成本、市场需求、市场竞争情况之外，还要采取各种灵活多变的汽车定价策略，使汽车定价策略与汽车市场营销组合中的其他策略更好地结合，促使和扩大汽车的销售，提高汽车企业的整体效益。因此，正确采用汽车定价策略是汽车企业取得汽车市场竞争优势地位的重要手段。

微课视频

3-5　汽车产品定价策略

（一）汽车新产品定价策略

在激烈的汽车市场竞争中，汽车企业开发的汽车新产品能否及时打开销路、占据市场和获得满意的利润，除了与汽车新产品本身的性能及必要的汽车市场营销手段和策略有关之外，还取决于汽车企业是否有正确的定价策略。汽车新产品定价有三种策略。

1. 撇脂定价策略

撇脂定价策略是一种高价保利策略，是指在汽车新产品投放市场的初期，将汽车价格定得较高，以便在较短的时期内获得较高的利润，尽快地收回投资。

（1）优点

① 汽车新产品刚投放市场，需求弹性小，尚未有竞争者。因此，只要汽车新产品性能超群、质量过硬，便可以采取高价策略，来满足一些汽车消费者求新、求异的消费心理。

② 由于汽车定价较高，因而可以使汽车企业在较短的时间里取得较大的利润。

③ 定价较高，便于当竞争者大量进入市场时企业主动降价，以增强竞争力；同时，也符合顾客期待降价的心理。

（2）缺点

① 在汽车新产品建立声誉期间，高价不利于打开市场，一旦销量不高，新产品就有夭折的风险。

② 如果高价投放市场销路旺盛，很容易引来竞争者，从而使汽车新产品的销路受影响。

（3）适用的情况

① 汽车企业研究开发的是技术新、难度大、开发周期长的新产品。

② 这种新产品有较大的市场需求或使用周期长，即使高价，市场也可以接受。

③ 高价可以使汽车新产品一投放市场就树立起性能好、质量优的高档品牌形象。

2. 渗透定价策略

渗透定价策略是一种汽车低价策略，是指汽车新产品投放市场时，将汽车价格定得比较低，以便使汽车消费者更容易接受，从而较快打开和占领市场。

（1）优点

① 可以利用低价的优势迅速打开市场销路，占领市场，从多销中增加利润。

② 低价又可以阻止竞争者进入，有利于控制市场。

（2）缺点

这种汽车定价策略投资的回收期较长、见效慢、风险大。

（3）适用的情况

① 制造这种汽车新产品所采用的技术已公开，或者易于仿制，竞争者容易进入该市场。利用低价可以排斥竞争者，占领市场。

② 该产品在市场上已有同类型的产品，但本企业比生产其他同类产品的企业拥有更大规模的生产能力，并且该产品的规模效应显著，大量生产会降低成本、增加收益。

③ 该产品在市场中供求基本平衡，市场需求对价格比较敏感，低价可以吸引较多的顾客，可以扩大市场份额。

以上两种汽车定价策略各有利弊，选择哪一种策略，应根据市场需求、竞争情况、生产能力和汽车成本等因素综合考虑。各种因素的特性及影响作用如表 3-1 所示。

表 3-1 各种因素的特性及影响作用

两种汽车定价策略的选择标准	撇脂定价策略	渗透定价策略
汽车市场需求水平	高	低
与同类竞争汽车产品的差异性	较大	不大
汽车价格需求弹性	小	大
汽车企业生产能力扩大的可能性	小	大
汽车消费者的购买水平	高	低
汽车产品目标市场潜力	不大	大
汽车产品仿制的难易程度	难	易
汽车企业投资回收期	较短	较长

3. 满意定价策略

满意定价策略是介于撇脂定价策略和渗透定价策略之间的汽车定价策略，所定的价格低于撇脂定价价格，而高于渗透定价价格，是一种中间价格策略。这种中间定价策略由于能使汽车生产者和消费者都比较满意而得名。由于这种策略的价格介于高、低价之间，因而能比前两种定价策略风险小，取得市场成功的可能性大。但也要根据市场需求、竞争情况等因素进行具体分析。

以上三种汽车新产品定价策略的价格和销量的关系如图 3-3 所示（P_1 为渗透定价策略的

价格，P_2为满意定价策略的价格，P_3为撇脂定价策略的价格）。

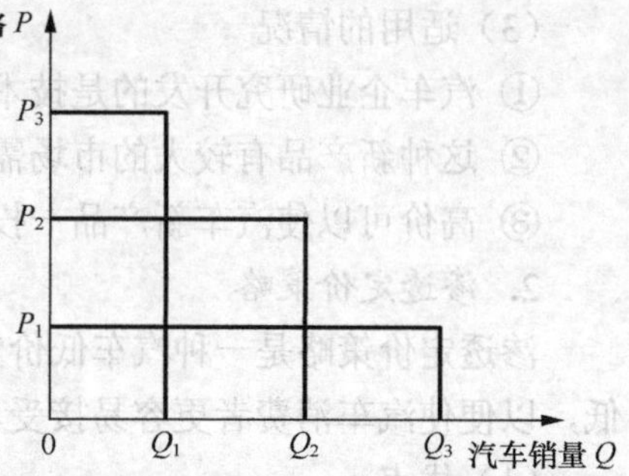

图 3-3　新产品定价策略价格和销量的关系

（二）汽车产品生命周期定价策略

在汽车产品生命周期的不同阶段，汽车定价的三个要素——成本、消费者和竞争者都会发生变化，因此，汽车定价策略要适宜、要保持有效性，就必须根据产品生命周期阶段有所调整。

1. 导入期的定价策略

这个时期既可以采用高价策略（撇脂定价），也可以采用低价策略（渗透定价）。采用前者可以快速赚回研发成本，适合于填补了市场空白或具有某种特色的新产品；采用后者可以尽快渗入市场，适合于市场容量大、消费者对价格敏感的情况。该时期的价格可根据企业不同的营销策略而决定。

2. 成长期的定价策略

在成长期，消费者在对新产品的导入有了一定的适应和接受度之后，开始比较不同汽车品牌的性能和价格。因此，成长期的汽车价格通常比导入期的价格低。企业选择适当的时机降低价格或推出折扣价格，可以吸引对价格敏感的消费者，扩大市场份额，抑制竞争。但对于那些价格并不敏感的细分子市场，不适用渗透定价策略。

3. 成熟期的定价策略

成熟期定价策略的着眼点是维护市场份额，获取最大利润。该时期由于竞争激烈，定价策略通常为竞争导向定价法，也就是根据对手的情况，选择可与对手较量或击败竞争者的价格。有时也可以不打价格战，而是通过提供附加产品或服务来巩固竞争地位。

4. 衰退期的定价策略

衰退期通常有以下策略可供选择。

（1）收缩策略。通过降价增加销量，获得最大的现金收入，然后退出整个市场，将资金逐步转移到企业生产能力强、市场前景好的产品上去。

（2）巩固策略。通过降价打败弱小的竞争者，加强自己的竞争优势，占领对手的市场，尽量延长产品生命周期。

【学生活动实训】

1. 活动内容

给本项目任务一中所策划的新产品制定一个价格，解释制定该价格的原因，并对该产品未来各生命周期阶段的价格策略做出规划。

2. 活动目的

练习运用价格策略来制定产品的价格。

3. 活动步骤

（1）学生以 4 人为一个小组，讨论活动内容。

（2）小组代表介绍小组方案。

（3）各小组间相互点评。

（4）教师进行指导并做出分析评价。

4．活动评价

评价项目	是否达到活动目的（40%）	练习表现（40%）	职业素养（20%）
评价标准	① 完全达到 ② 基本达到 ③ 不能达到	① 积极参与 ② 参与主动性一般 ③ 不积极参与	① 大有提升 ② 略有提升 ③ 没有提升
自我评价（20%）			
组内评价（20%）			
组间评价（30%）			
教师评价（30%）			
总得分（100%）			

任务三　汽车分销渠道策略

【课程导航】

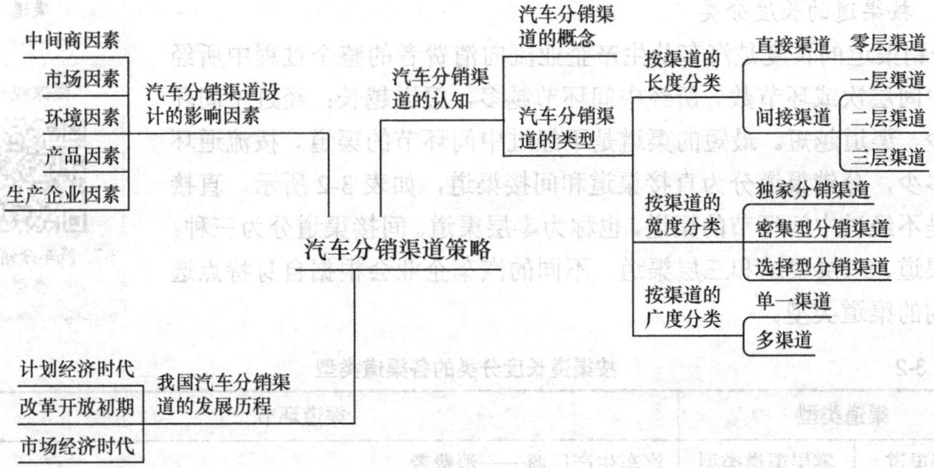

【学习目标】

- 知识目标

掌握分销渠道的概念、类型。

了解分销渠道设计的影响因素。

了解我国汽车分销渠道的发展历程。

- 能力目标

能设计某款产品的分销渠道方案。

【任务描述与分析】

任务描述：小刘发现，汽车销售服务4S店需要经常与汽车厂家打交道，比如接受厂家检查，共同制定销售计划、促销方案等。

任务分析：产品从生产厂家一步步流通到消费者手中，要经历怎样的环节？企业为什么要这样设计规划？它有什么优缺点？这些就是分销渠道策略。销售顾问其实也是分销渠道中的一个重要环节，了解和掌握分销渠道的知识有利于更好的职业发展。

【相关知识】

一、汽车分销渠道的认知

（一）汽车分销渠道的概念

汽车分销渠道是指汽车产品或者服务从汽车生产者向汽车用户转移的过程中，直接或者间接转移汽车所有权所经历的途径。现在的汽车交易市场、品牌专卖店（4S店）、连锁店、汽车超市等均是直接面向消费者的分销渠道的具体形式。

音频

3-6 认识汽车分销渠道

（二）汽车分销渠道的类型

1. 按渠道的长度分类

分销渠道的长度是汽车从生产企业流向消费者的整个过程中所经过的中间层次或环节数。所经中间环节越多，渠道越长；经过中间环节越少，渠道越短。最短的渠道是不经过中间环节的渠道。按流通环节的多少，分销渠道分为直接渠道和间接渠道，如表3-2所示。直接渠道是不经过中间环节的渠道，也称为零层渠道。间接渠道分为三种：一层渠道、二层渠道和三层渠道。不同的汽车企业会根据自身特点选择不同的渠道类型。

微课视频

3-7 汽车分销渠道的类型

表3-2　按渠道长度分类的各渠道类型

渠道类型		渠道环节
直接渠道	零层渠道类型	汽车生产厂商——消费者
间接渠道	一层渠道类型	汽车生产厂商——零售商——消费者
	二层渠道类型	汽车生产厂商——批发商——零售商——消费者
		汽车生产厂商——总经销（或总代理商）——零售商——消费者
	三层渠道类型	汽车生产厂商——总经销（或总代理商）——批发商（或地区分销商）——零售商——消费者

（1）零层渠道，即汽车生产厂商直销型。汽车企业不经过任何中间环节，直接把汽车产

品销售给消费者。这种渠道类型的优点是产销直接沟通，没有中间环节，流通费用低，便于企业及时了解市场，迅速开发适销对路的产品；缺点是需要企业自设销售机构，不利于专业化分工，难以广泛分销，不利于企业开拓市场。

(2) 一层渠道，即汽车生产厂商把汽车产品委托给零售商进行销售。这种类型在生产商和消费者之间，要经过零售商这一个中间环节。这种渠道类型的优点是中间环节短，有利于企业充分利用零售商的力量开拓市场，提高销售额。我国有很多专用车和重型车生产厂家采用这类分销渠道。

(3) 二层渠道，即汽车生产厂商把汽车产品委托给批发商（或总经销商），由其转给零售商，再由零售商出售给消费者。

(4) 三层渠道，即汽车生产厂商把汽车产品委托给总经销商（或总代理商），再依次经过批发商（或地区分销商）和零售商，最后由零售商把汽车销售给消费者。

(5) 二层和三层渠道都属于长渠道。这种渠道类型的优点是，有利于缓解汽车生产厂商在营销方面人、财、物等力量的不足，有利于不同类型企业间的专业化协作。

2. 按渠道的宽度分类

分销渠道的宽度指渠道的每一层次使用同种类型中间商数目的多少。多者为宽渠道，意味着销售网点多，市场覆盖面广；少者则为窄渠道，相应的市场覆盖面也就小。受市场特点和制造商分销战略等因素的影响，分销渠道的宽度结构有三种类型。

(1) 独家分销渠道是在某地区市场仅有一家代理商或经销商经销其产品所形成的渠道。汽车生产厂商不在该地区发展其他经销商，经销商不得经营其他竞争品牌的产品。独家分销渠道是窄渠道，有利于控制市场。

(2) 密集型分销渠道又叫广泛分销或开放性分销，是指生产厂商尽可能多地发展批发商和零售商，共同销售其产品。

(3) 选择型分销渠道是指生产厂商精心挑选几家合适的中间商销售其产品。选择型分销渠道通常由实力较强的中间商组成，能有效地维护制造商的信誉，建立稳定的市场和竞争优势。

3. 按渠道的广度分类

分销渠道按渠道的广度可以分为单一渠道和多渠道。

(1) 单一渠道指的是厂商仅利用一条渠道进行某种产品的分销；多渠道指的是厂商利用多条不同的渠道进行某种产品的分销。

(2) 多渠道与单一渠道相比，优点是市场覆盖面广，能更好地满足顾客需求，提高产品的交易量；缺点是，当两个以上渠道对准一个细分市场时，容易产生渠道冲突，渠道间合作困难，不易控制。

二、汽车分销渠道设计的影响因素

汽车企业在设计分销渠道时，必须考虑中间商、市场、环境、产品、生产企业自身等因素，其中最重要的是中间商因素。

(一) 中间商因素

中间商因素包括中间商的理念、实力、经营水平、合作的可能性和服务能力等。中间商是连接生产企业和消费者的桥梁，如果中间商的经营理念与汽车生产厂商不同，经营水平低下，则双方难以长期高效地合作；如果中间商的服务能力低，难以令消费者满意，会影响生产厂商的形象。

（二）市场因素

市场因素包括市场范围、市场地理位置、消费者的消费习惯和需求特点及市场竞争情况。市场范围决定是否选择批发商和经销商，当市场过大或过小时，借助中间商的力量比较合适。如果市场比较集中，则可以进行直接销售，反之，则需要通过中间商进行销售。消费者对于汽车购买的便利性、购买数量、购买方式、购买地点等要求也会影响企业选择不同的分销渠道，若购买量大、频率低，分销渠道应短；反之，分销渠道应长。当消费者对汽车产品了解较少或者需要更多、更好的售前和售后服务时，则需要借助中间商的力量来满足消费者的需求。

（三）环境因素

环境因素包括法律政策、地区经济、风俗习惯等因素。分销渠道的选择，必须遵守有关汽车销售的政策法规，如汽车“三包”法、反不正当竞争法、反垄断法、进出口规定等。当地区经济情况良好、国民可支配收入高时，可以考虑增加或扩宽渠道，使产品分销渠道能覆盖到更广大的市场。

（四）产品因素

产品因素包括产品定位、价格策略、技术服务等因素。产品定位不同，分销渠道也应该不同。例如，在我国，豪华型轿车价值高，市场相对较小，可借助少数中间商的力量销售，分销渠道可以是短的；而中级和经济型轿车的市场较大，应充分利用中间商扩大销量，提高市场占有率，分销渠道可以是宽的。汽车产品如果采用高价策略，可采用短渠道或者直接渠道，反之可采用长渠道。技术性复杂、需要安装及维修服务的汽车产品（如特种车辆），可采用短渠道或直接销售，反之则选择长渠道。

（五）生产企业因素

生产企业因素包括生产企业的声誉、财力、管理能力、提供的服务等。财力雄厚、规模大的生产企业，有能力选择较为固定的中间商经销自己的产品，甚至直接建立分销渠道，这种渠道大多短而窄；反之，企业会选择长而宽的渠道。

三、我国汽车分销渠道的发展历程

（一）计划经济时代

在计划经济时代，我国汽车生产企业的生产量取决于上级下达的指示，生产出来的车辆通过每年两次的供销大会分配出去。在这种供远小于求的情况下，私人几乎不可能购买汽车。这时候的经营模式可以用“产—供—销”来总结，产量解决一切。汽车维修的渠道则与销售分离，各地涌现出一批国营专业汽修公司。

音频

3-8 我国不同的汽车分销渠道

（二）改革开放初期

改革开放初期，计划经济开始向市场经济转变。上海大众、东风雪铁龙、广州标致等合资企业的先后成立，对中国汽车的发展起到了很大的作用。那个时期的销售以物资机电部门和汽车工业销售部门为主，同时整车厂也直接投资建立自己的销售服务体系。某些大型城市建立了汽车交易市场，国家成立了中国汽车贸易总公司，对汽车销售进行管理。那时的汽车销售和服务渠道依然是分离的。

（三）市场经济时代

20 世纪 80 年代末到 90 年代初期，随着改革开放的逐步深入，汽车行业进入快速发展时期，汽车市场有了明显的变化，乘用车市场、私人购车的份额开始逐渐加大。受外资公司的影响，汽车企业逐渐使用各种营销手段，提高自身产品的竞争力。销售渠道又有了新的变化，除了厂家的直销店外，拥有代理权的经销商也开始发展起来，而且模式多样。

1998年，广州本田和上海通用率先引进了品牌专卖店（4S店）的汽车营销模式，集整车销售（Sale）、零部件供应（Spare Part）、售后服务（Service）、信息反馈（Survey）四项功能于一体。通过多年的试验和探索，现在我国汽车的销售渠道呈现百花齐放的面貌。

文档

3-9 商务部令2017年第1号《汽车销售管理办法》

提 示

商务部2017年4月发布《汽车销售管理办法》，取消了一直延续的厂商品牌授权备案制，减少行政审批的流程，允许授权模式与非授权模式并存。

在政策影响下，以往汽车流通领域的4S店单一模式从政策层面终结，汽车流通市场更加开放，市场导向作用更加明显。

【学生活动实训】

1．活动内容

选择一个汽车品牌，以小组为单位调研该品牌的分销渠道模式，分析该模式的利弊，写出报告，在小组间进行交流。

2．活动目的

练习运用分销渠道策略分析企业分销模式。

3．活动步骤

（1）学生以4人为一个小组，讨论并完成活动内容。

（2）小组代表介绍小组方案。

（3）各小组间相互点评。

（4）教师进行指导并做出分析评价。

4．活动评价

评价项目	是否达到活动目的（40%）	练习表现（40%）	职业素养（20%）
评价标准	① 完全达到 ② 基本达到 ③ 不能达到	① 积极参与 ② 参与主动性一般 ③ 不积极参与	① 大有提升 ② 略有提升 ③ 没有提升
自我评价（20%）			
组内评价（20%）			
组间评价（30%）			
教师评价（30%）			

续表

评价项目	是否达到活动目的（40%）	练习表现（40%）	职业素养（20%）
总得分（100%）			

任务四 汽车促销策略

【课程导航】

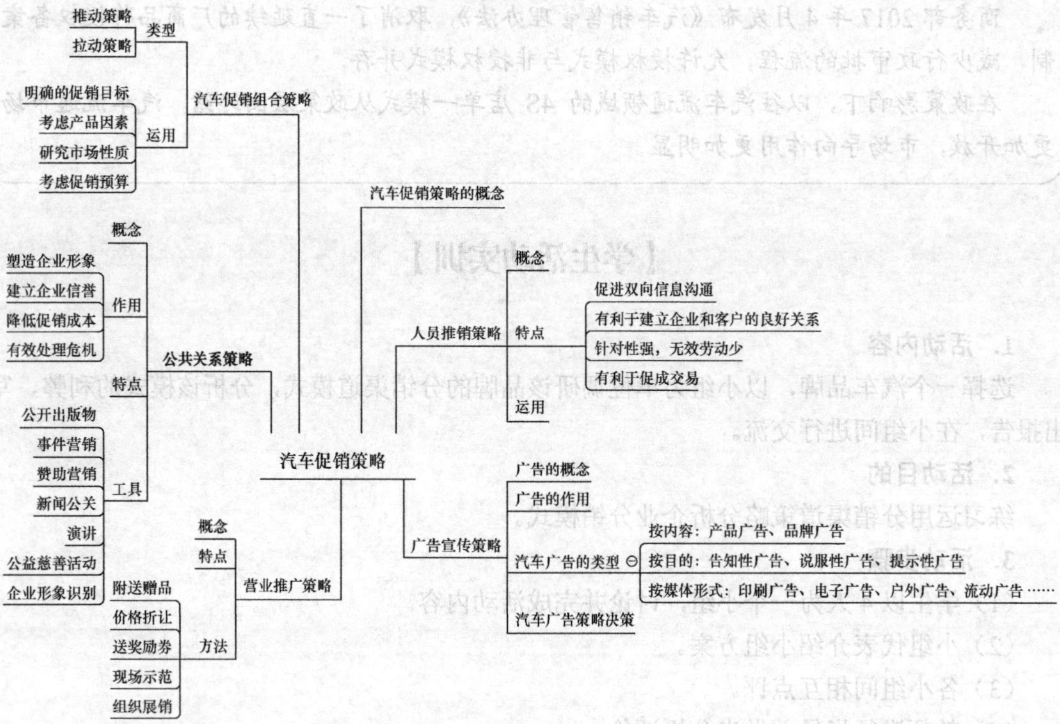

【学习目标】

- 知识目标

了解促销策略的概念和方式。

掌握人员推销、广告宣传、营业推广、公共关系四种促销方式的概念、特点和运用方法。

- 能力目标

能综合运用各种促销策略为企业做市场推广。

【任务描述与分析】

任务描述：作为汽车销售顾问的小刘，经常参与公司的各种促销活动，也经常看到公司各种类型的广告，甚至新闻报道。这些宣传活动类型多样，很有吸引力，使很多消费者慕名而来，确实为提高汽车销量起到很大作用。

任务分析：由于市场竞争的日益激烈，“酒香不怕巷子深”的时代早已一去不复返，企业越来越多地采用各种促销策略进行产品的市场推广。汽车营销人员需要对促销策略有很好的理解和掌握，有综合运用促销组合策略的能力。

【相关知识】

一、汽车促销策略的概念

汽车促销策略是指汽车企业通过一定的方式，将汽车产品相关信息、购买优惠措施、购买途径等内容传递给目标用户，引起用户的购买兴趣，强化购买欲望，创造需求，促进汽车产品销售的活动。它对于企业有很重要的作用，包括提供汽车产品信息；突出产品特点，提高竞争力；强化汽车企业的形象，巩固市场地位；刺激需求，影响用户的购买倾向，开拓市场。

促销策略中主要有人员推销（Personal Selling）、广告宣传（Advertising）、营业推广（Sales Promotion）与公共关系（Public Relation）四种方式。

二、人员推销策略

（一）人员推销策略的概念

人员推销策略是一种起源最早的促销方式，指销售人员直接与消费者进行接触和洽谈，向消费者介绍汽车产品，进而促进汽车销售的活动，在汽车销售行业主要指汽车销售顾问推销。

微课视频

3-10 人员推销策略

（二）人员推销策略的特点

1. 人员推销策略的优点

（1）能促进双向信息沟通

在人员推销过程中，汽车销售顾问可以了解客户的需求，倾听他们的意见和建议，为企业改进营销管理提供决策依据。同时，汽车销售顾问可以向客户介绍汽车产品的性能、质量、售后服务和增值服务等信息。

（2）有利于建立企业和客户的良好关系

汽车销售顾问通过和客户的多次接触、愉快交流，可以建立良好的关系，进而让客户喜欢本企业的产品，并发挥介绍汽车企业和推荐汽车产品的作用。

（3）针对性强，无效劳动少

汽车销售顾问目标较为明确，对于推销的对象有倾向性，可以达到针对性推销的目的。

（4）有利于促进交易达成

由于汽车产品属于高价值、高技术含量的商品，一般客户不会仅凭广告或者简单介绍就做出购买决定。而训练有素的汽车销售顾问，通过为客户展示产品，解答疑问，更有利于促成交易。

2. 人员推销策略的缺点

人员推销策略的缺点主要是成本费用较高，对销售人员的要求也较高。企业在决定选用人员推销时应权衡利弊，综合决策。

（三）汽车人员推销策略的运用

汽车企业要发现、培养和管理合格的汽车销售顾问，就需要制定有效的措施和程序，加强对销售人员的招募、培训、管理和激励工作。

优秀的汽车营销人员应该热爱销售岗位，忠诚于企业；态度热情，具有敏锐的洞察力；拥有高超的语言沟通和谈判技巧，丰富的产品知识、市场知识和企业知识，以及良好的心理素质和个人形象等。无论是外部招聘还是内部选拔，企业都应该通过严格的考试与考查，择优录用。围绕销售人员的推销方法和技巧、职业道德与敬业精神、企业文化与品牌特色等方面进行训练和教育。日常工作中，应加强管理，科学地评价、激励员工，激发员工的工作热情。

三、广告宣传策略

（一）广告的概念

广告是指通过一定媒介，直接或者间接地向目标群体传播商品或服务的手段。

微课视频

3-11 广告宣传策略

（二）广告的作用

广告的作用包括介绍产品，传递信息；刺激消费，扩大产品销售；树立企业形象，维持或扩大企业产品的市场占有率。

（三）汽车广告的类型

1. 按广告内容划分

汽车广告按广告内容划分为产品广告和品牌广告。

汽车产品广告指汽车企业借助传播媒体，把汽车产品的特点以恰当的形式，有选择地传递给目标客户，以提高他们的价值感受，激发购买欲望。汽车品牌广告指汽车企业通过传播媒体，传播企业理念等相关信息，以提升产品品牌知名度和美誉度，树立企业形象，间接地促成产品的销售。

很多情况下，汽车产品广告和品牌广告是紧密结合的。例如，不少汽车广告中，既介绍了汽车的技术参数，如发动机的排量、最大功率、加速时间等，又宣传了产品的品牌。

2. 按广告目的划分

汽车广告按广告目的划分为告知性广告、说服性广告和提示性广告。

告知性广告主要用于汽车新产品上市的导入期，旨在为汽车产品建立市场需求。说服性广告主要用于成长期，目的在于建立对某一种特定汽车品牌的选择性需求。提示性广告用于汽车产品的成熟期，目的是保持消费者对汽车产品的记忆。

3. 按照广告媒体形式划分

汽车广告按照广告媒体形式划分为：印刷广告，如报纸、杂志广告；电子广告，如电视、网络、广播、短信广告等；流动广告，如在电梯、公交、地铁、飞机上播放的广告；邮政广告，如邮递的宣传材料；户外广告，如户外广告牌；实物广告，如在展览会上的展车、试乘试驾车等。

提　示

随着人们生活水平的提高和互联网的普及，广告形式也越来越新颖，且富有创意。例如很多汽车品牌与电影、电视剧组合作，在影视剧中进行品牌车型的广告植入，起到了很好的宣传效果。还有公司在网站上进行3D虚拟仿真赏车，使潜在客户足不出户就对车型产品有了很好的了解。

（四）汽车广告策略决策

广告策略决策除了媒体形式选择以外，还应对以下内容进行决策：广告目标、广告与产品生命周期的关系、广告定位、广告创意与设计、广告时间。

1. 广告目标

首先，企业应对营销目标、产品、定价和销售渠道策略加以综合分析，以便明确广告在整体营销组合中应完成的任务和达到的目标。其次，要对目标市场进行分析，使广告目标具体化。广告目标的具体内容包括：促进沟通，明确沟通程度；提高产品知名度，帮助顾客认识、理解产品；建立需求偏好和品牌偏好；促进购买、增加销售，达到一定的市场占有率。

2. 广告与产品生命周期的关系

产品所处生命周期不同，广告的形式和目标也要有所差异。处于导入期和成长期的产品，广告重点是向目标用户介绍产品、灌输思想、提高产品知名度和可信度，以获得目标用户的认可，激发他们的购买欲望。对处于成熟期的产品，广告重点是创造品牌效应、提高声誉、指导目标用户选择、说服用户、争夺市场。对于处在衰退期的产品，广告以维护用户的需要为主，企业应适当压缩广告的费用。

3. 广告定位

广告定位包括广告的实体定位、目标市场定位和心理定位。

（1）广告的实体定位，就是在广告中突出介绍产品的何种特点，确立何种市场竞争地位，在目标客户心中塑造何种形象，使广告达到最佳效果。如奥迪汽车突出创新科技的运用，捷豹汽车突出靓丽、动感的外观和强劲的动力。

（2）目标市场定位就是使广告传播更有针对性，更符合目标市场的年龄、文化、习俗、传统习惯等。

例如，梅赛德斯-奔驰长轴距 E 级轿车定位为高级商务轿车，因此广告中会出现成熟男士商务形象（见图 3-4），而大众车型夏朗定位在家庭使用的 MPV（多用途汽车），因此广告中选择其乐融融的三口之家形象（见图 3-5）。

图 3-4 奔驰广告

图 3-5 夏朗广告

（3）心理定位主要包括正向定位、逆向定位和是非定位三种方法。正向定位是正面宣传本产品的优点；逆向定位是唤起用户的同情与支持；是非定位则强调自己与竞争者的不同之处。

4. 广告创意与设计

广告创意与设计就是设计创作广告的内容和形式，要求立意独特新颖，形式生动活泼，广告词容易记忆，宣传重点要突出。例如，别克品牌的广告语“心静，思远，志行千里”“全情全力，志在进取”；奥迪品牌的广告语“突破科技，启迪未来”“引领时代”“科技与成功互辉映”。

5. 广告时间

广告在不同时间宣传会有不同的促销效果，包括什么时间做广告和什么时刻做广告。前者指企业决定在什么时间段做广告，是集中时间做广告还是分散时间做广告，是做季节性广告还是节假日广告等；后者指具体在哪一时刻做广告，比如，电视广告是在黄金档播出，还是其他时间播出等。

微课视频

3-12 营业推广策略

四、营业推广策略

（一）汽车营业推广的概念

汽车营业推广也称汽车销售促进或汽车销售推广，指汽车企业提供一种额外的激励或有价值的销售活动，由一系列短期的、强刺激性的促销活动组成，其主要目的是在短期内引起汽车消费者对汽车产品的注意，激发消费者的购买欲望，增加销量。

（二）汽车营业推广策略的特点

（1）汽车营业推广的表现形式直观，具有强烈的吸引力和诱惑力，能够唤起客户的广泛关注和购买欲，效果显著。

（2）汽车营业推广的方法灵活多样，企业可以根据客户心理和市场营销环境等因素，采取针对性很强的营业推广方法，向客户提供特殊的购买机会，立即促成购买行为。

（3）汽车营业推广是一种非经常性的、短期的促销方式，是广告宣传和人员推销这两种常规性、连续性促销方式的补充。

（4）这种方式容易引起竞争者模仿，并会导致公开的相互竞争，如果长期或者频繁使用，容易引起客户对产品品质及价格合理性的怀疑，促销效果会迅速下降。

（三）营业推广策略的方法

汽车销售企业进行营业推广，可以采用以下几种方法。

1. 附送赠品

向客户赠送产品或服务，比如向客户赠送汽车保险、汽车精品件、免费保养服务等，就属于此方法。

2. 价格折让

通过给客户一定比例的直接价格折扣来获得客户认可，促进销售。

3. 送奖励券

客户可以凭奖励券低价购买产品或服务，例如凭券享受折扣甚至免费车辆保养。

4. 现场示范

企业派销售人员将自己的产品在销售现场进行使用示范表演，把技术性较强的产品的使用方法介绍给客户。

5. 组织展销

企业将一些能显示企业优势和特征的产品集中陈列，比如在车展、产品发布会上边展边销。

五、公共关系策略

（一）公共关系的概念

公共关系是指汽车企业在个人、公司、政府机构或其他组织间传递消息，以改善公众态度的政策和活动。公共关系不仅是汽车产品的公共宣传，还包括树立汽车企业的形象、汽车产品的品牌形象。

微课视频

3-13 公共关系策略

（二）公共关系的作用

1. 塑造企业形象

公共关系利用最直接的人际接触和媒体宣传，吸引公众对产品的兴趣。与各种社会力量（如政府、行业协会、媒体、专家、消费者甚至竞争对手）建立良好的关系，使企业有一个良好的生长环境。例如，企业通过对社会公益事业的资助，树立企业良好的社会形象。

2. 建立企业信誉

公共关系通过大众媒体（如报纸、期刊、电视、广播等媒介）的强大传播覆盖力和社论性的报道来传播信息，增加了信息的可信度，大幅度地提升了企业的认知度和企业信誉。

3. 降低促销成本

公共关系活动对企业和产品同时进行了潜移默化的宣传，建立了良好的公众口碑和社会舆论，使公众对某一种产品产生兴趣，同时影响到特定的目标群体，从而降低促销成本。

4. 有效处理危机

企业在发展过程中，常遇到各种各样的危机，如管理危机、关系危机等。通过公共关系就能更好地化解危机，甚至借助危机处理使企业或品牌形象得以提升。

提 示

危机公关是指应对危机的有关机制，具体指机构或企业为避免或者减轻危机所带来的损害和威胁，而制定政策及程序来获得公众的谅解。企业在经营中遇到的各种危机具有意外性、聚焦性、破坏性和紧迫性。一般认为成功的危机公关是公共关系管理的重要一环，对于国家、企业、个人来说都具有重要的作用。

（三）公共关系的特点

1. 公共关系活动范围广

公共关系活动不但要面向企业产品和服务的直接消费者，而且还要面向虽不直接购买企业产品和服务，但同企业的经营活动有着密切联系的公众，如媒体、社区居民、政府机构、金融机构、职工、股东等。

2. 企业整体形象提升

企业开展公共关系活动一般不是针对企业的某一种产品或服务，而是针对整个企业的形象和信誉。通过公共关系活动，企业要宣传的是企业的历史、现状、未来、经营方针和目标，其直接目的是加强公众对企业的信任感和依赖感，从而为企业战胜竞争对手带来良好的社会基础。

3. 公众接受度高

公共关系活动是借助第三方媒体宣传，会使公众感到客观真实，提高公众对企业的信任度。

4. 活动具有长期性

公共关系活动的直接目的是树立良好的企业形象、提高企业信誉、建立企业市场竞争的形象优势。这个目标不是一朝一夕就能达到的，需要企业公共关系部门坚持不懈地努力。

（四）公共关系的工具

1. 公开出版物

企业可以通过各种传播材料来接近和影响其目标市场，包括年度报告、宣传册、文章、视听材料、商业信件、报纸、杂志等。

2. 事件营销

企业可通过安排一些特殊的事件来吸引公众对公司及其新产品的注意，这些事件包括记者招待会、郊游、联谊会、展览会、竞赛、庆典活动等。

3. 赞助营销

企业通过赞助文化体育活动或其他相关度高的事件来推广品牌，如赞助体育比赛。

4. 新闻公关

企业通过宣传媒体对公司及产品的新闻报道，在公众中产生正面影响，比如举办产品发布会。

5. 演讲

公司负责人通过参与论坛、学术研究会议等，引起公众的注意，展示企业的理念和实力。

6. 公益慈善活动

公司可以通过向某些公益机构捐赠一定的金钱和实物以提高美誉度。

7. 企业形象识别

公司应创造一个公众能迅速辨认的视觉形象，例如公司标志、宣传册、招牌业务名片、建筑物、车辆、制服等，赢得公众注意，传播公司形象。

六、汽车促销组合策略

汽车促销组合是企业根据汽车产品的特点和企业营销目标，在综合分析各种影响因素的基础上，对各种促销方式进行选择和组合运用。

促销方式有人员推销、广告宣传、营业推广和公共关系四种。企业在实际运用时，可以同时使用两种或三种甚至四种促销方式，以获得更好的效果。

（一）促销组合策略的类型

1. 推动策略

推动策略（Push Strategy）是一种传统的销售策略，是指汽车企业以人员推销和营业推广为主，首先将汽车产品推销给总经销商或批发商，利用中间商的力量将新的产品或服务推向市场、推向用户。推动策略一般适合于单位价值较高的产品，性能复杂、需要示范的产品，根据用户需求特点设计的产品，流通环节较少、流通渠道较短的产品以及市场比较集中的产品等。

2. 拉动策略

拉动策略（Pull Strategy）是以市场为导向的销售策略，是指企业（或中间商）针对最终用户，利用广告宣传、公共关系等促销方式，激发客户需求，刺激客户向中间商订货，进而使中间商向制造企业订货。

在通常情况下，企业可以把上述两种策略综合运用，即在向中间商进行大力促销推动的同时，通过大量广告刺激拉动市场需求。

（二）促销组合策略的运用

1. 明确的促销目标

确定促销组合需要考虑促销目标，促销目标不同，促销组合也应该不相同。如果促销目标是为了提高汽车品牌的知名度，则汽车促销组合重点应该放在广告宣传和营业推广上，辅之以公共关系；如果汽车促销目标是为了让客户了解产品的性能和使用方法，那么，汽车促销组合应该采用适量的广告宣传、大量的人员推销和营业推广；如果汽车促销目标是立即取得某种汽车产品的促销效果，那么重点应该是营业推广、人员推销，并安排一些广告宣传。

2. 考虑产品因素

（1）产品性质

汽车产品种类繁多，轿车目前作为大众耐用消费品，主要用于私人使用；卡车和客车主要用于生产经营。对不同产品性质的汽车产品，应该采用不同的促销组合。

（2）产品生命周期

汽车产品所处产品生命周期不同，则促销目标也不同，因而要采用不同的促销组合策略，如表 3-3 所示。

表 3-3　产品生命周期采取的促销组合策略

产品生命周期	首选	次选	再次选
导入期	广告宣传	营业推广	人员推销
成长期	广告宣传、公共关系	人员推销	营业推广
成熟期	广告宣传、公共关系	人员推销	营业推广
衰退期	营业推广	人员推销	公共关系

① 在产品导入期，多数用户对汽车产品不了解，促销目标是使用户了解汽车产品。促销方式的首选是通过广告向用户介绍新产品，其次是营业推广，如参加展销会、订货会、演示促销等。另外可以采用人员推销，派促销人员深入特定的用户群，详细介绍产品。

② 在产品成长期，促销目标是提高市场占有率、吸引用户购买，促销方式的首选是广告宣传和公共关系，其次为人员推销和营业推广。

③ 在产品成熟期，促销目标是战胜竞争对手、提高企业和产品的信誉、巩固市场地位，需要综合运用各种促销方式。促销方式以广告宣传和公共关系为主，并辅以人员推销和营业推广。

④ 在产品衰退期，促销目标是集中人力、物力到最有效的细分市场和销售渠道，降低销售费用，尽量增加利润，择机退出市场。促销方式以营业推广为主，并辅以人员推销和公共关系。

3. 研究市场性质

市场性质包括市场规模、地理因素、市场类型等。规模大、地域广阔的汽车市场，应该以广告宣传为主，辅以公共关系；规模小、地域狭小的汽车市场，应该以人员推销为主，辅以广告宣传；消费者数量多，但是分布零散的汽车市场，应该以广告宣传为主，辅以营业推广和公共关系；消费者数量少，但是购买量大的汽车市场，应以人员推销为主，辅以营业推广和广告宣传。

4. 考虑促销预算

根据现代产品促销观念，人员推销和营业推广两种促销策略属于推动策略，而广告宣传、公共关系属于拉动策略。通常采用推动策略所需的经费高于拉动策略的。汽车企业考虑采用何种推销策略时，应考虑促销预算情况，量力而行。

【学生活动实训】

1. 活动内容

为小组在本项目任务一中策划的新产品制定一份促销策略方案（包括主要目标、促销方式、相关费用、预计效果）。每个小组派代表交流方案。

2. 活动目的

模拟进行产品促销策略的综合运用。

3. 活动步骤

（1）学生以4人为一个小组，讨论并完成活动内容。

（2）小组代表介绍小组方案。

（3）各小组间相互点评。

（4）教师进行指导并做出分析评价。

4. 活动评价

评价项目	是否达到活动目的（40%）	练习表现（40%）	职业素养（20%）
评价标准	① 完全达到 ② 基本达到 ③ 不能达到	① 积极参与 ② 参与主动性一般 ③ 不积极参与	① 大有提升 ② 略有提升 ③ 没有提升
自我评价（20%）			
组内评价（20%）			
组间评价（30%）			
教师评价（30%）			
总得分（100%）			

满满正能量

公平竞争

所谓公平竞争，是指竞争者之间所进行的公开、平等、公正的竞争。公平竞争对于社会、企业和个人的发展都具有重要作用。

对个人而言，公平竞争能调动参与者的积极性，不断增强自身竞争力。对社会和企业而言，公平竞争有助于推动我国经济高质量发展、提升企业竞争力。改革开放实践表明，越是市场竞争充分的领域和区域，产品和服务的质量就越好，就越具有国际竞争力。只有营造良好的市场环境，鼓励竞争，企业才能发现商机、培育创新。只有公平竞争、优胜劣汰，企业才能转型升级。因此在营销工作中，让我们秉持公平竞争的理念，共同营造公平公正的市场竞争环境，推动经济高质量发展。

项目四 汽车网络营销策略

近年来，随着信息科技的发展，尤其是网络的普及，人们获取信息的渠道大大拓宽，而网络几乎成为消费者了解汽车产品的主要渠道，也有越来越多的消费者选择网络购车。网络营销能充分发挥企业与客户的互相交流优势，而且企业可以为客户提供个性化的服务，是一种新型的、互动的、更加人性化的营销模式。

|任务一　网络营销的认知|

【课程导航】

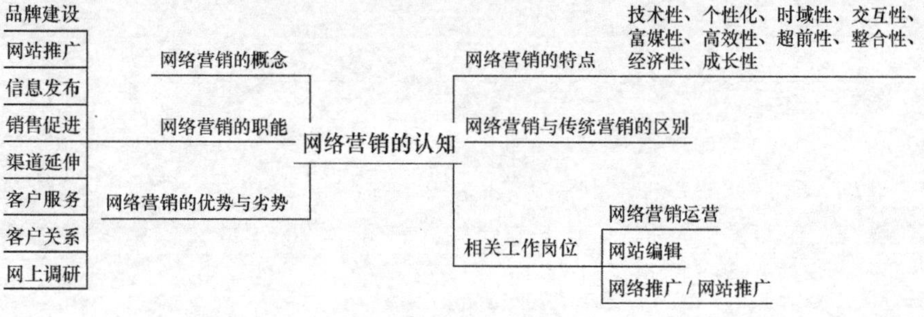

【学习目标】

- 知识目标

掌握网络营销的概念、职能和特点。

了解网络营销与传统营销的区别。

熟悉网络营销的主要工作内容。

- 能力目标

能够对企业的网络营销功能和特点进行相应的判断和分析。

【任务描述与分析】

任务描述：小刘被安排到公司的网销部，作为一名新进员工，她对网络营销不是很了解，在开始工作之前，小刘需要对网络营销做详细的了解。

任务分析：作为一个汽车网销部的员工一定要知道什么是网络营销、网络营销主要做什么、有哪些形式的网络营销。带着这些问题，小刘通过网络和图书学习网络营销的相关知识。

【相关知识】

一、网络营销的概念

网络营销是随着互联网的产生与发展而逐渐形成的新的营销方式。广义地说，凡是以互联网为主要手段、为达到一定的营销目的进行的营销活动，都可称为网络营销。网络营销既不是传统市场营销的简单延续，也不是简单的营销网络化，它更不可能脱离一般的营销环境而独立存在。网络营销贯穿于企业开展网上经营活动的整个过程，从信息发布、信息收集，到开展以网上交易为主的电子商务阶段，网络营销都是一项重要内容。

音频

4-1 网络营销的概念

从“营销”的角度，可以将网络营销定义为：建立在互联网基础之上，利用电子信息手段进行的营销活动。网络营销实现了“一对一”的营销，企业可以通过电子信息手段，辨识目标客户，并将特定的信息适时地传递给适当的对象，即企业可对不同的客户给予不同的营销方式。

二、网络营销的特点

网络营销是借助互联网技术的发展而诞生的。互联网技术的成熟以及互联网成本的低廉使其如同一种“万能胶”，将企业、团体、组织和个人跨时空联系在一起。网络营销主要有以下几个特点。

（一）技术性

网络营销是建立在互联网技术基础上的，企业实施网络营销必须有一定的技术投入和技术支持。企业应改变传统的组织形态，提升信息管理部门的功能，引进掌握营销与计算机网络技术的复合型人才，这样才能具备市场竞争的优势。

（二）个性化

互联网上的促销是一对一的、理性的、客户主导的、非强迫性的、循序渐进的，而且是一种低成本与人性化的促销，通过信息提供和交互式交谈与客户建立长期良好的关系。

（三）时域性

互联网能够超越时间约束和空间限制进行信息交换，使得营销脱离时空限制。

（四）交互性

互联网通过展示商品图像及商品信息资料库为用户提供有关的信息查询服务，来实现供需互动与双向沟通。

（五）富媒性

互联网被设计成可以传输多种信息的媒体，如文字、声音、图像等，使为达成交易而进行交换的信息能以多种形式存在，可以充分发挥营销人员的创造性和能动性。

（六）高效性

计算机可以储存大量的信息，可传送的信息数量与精准度远超过其他媒体，并能根据市场需求变化及时更新产品或调整价格，因此能使企业及时有效地了解并满足客户的需求。

（七）超前性

互联网是一种功能强大的营销工具，它同时兼具渠道、促销、电子交易、客户服务以及市场信息分析与提供等多种功能。它所具备的一对一营销能力，正符合定制营销与直复营销的未来趋势。

（八）整合性

一方面，互联网上的营销可由展示商品信息至收款、售后服务一气呵成，因此也是一种全程的营销渠道；另一方面，企业可以借助互联网将不同的传播营销活动进行统一设计规划和协调实施，以统一的传播方式向客户传达信息，避免不同传播中的不一致性产生的消极影响。

（九）经济性

通过互联网进行信息交换，代替以前的实物交换。一方面，可以减少印刷与邮递成本，可以无店面销售，免交租金，节约水电与人工成本；另一方面，可以减少车辆因来回多次交换带来的损耗。

（十）成长性

互联网使用者的数量快速成长且范围遍及全球，使用者多属年轻人和受教育程度较高的人，由于这部分群体购买能力强而且具有很大的市场影响力，因此互联网是一个极具开发潜力的市场渠道。

三、网络营销的职能

网络营销的职能不仅表明了网络营销的作用和网络营销工作的主要内容，同时也说明了网络营销可以实现的效果，对网络营销职能的认识有助于全面理解网络营销的价值和网络营销的内容体系。网络营销的职能主要有以下八点。

微课视频

4-2　网络营销的职能

（一）品牌建设

网络品牌建设以企业网站建设为基础，通过一系列的推广措施，达到客户和公众对企业有普遍认知和充分认可的效果。知名企业的线下品牌可以在网络上得以延伸，一般企业则可以通过互联网快速提升产品和企业的知名度，以树立企业良好的整体形象。

（二）网站推广

网站推广就是通过各种方法让更多人找到并进入网站的全过程。网站推广的目的在于让尽可能多的潜在客户了解并访问网站，通过网站获得有关产品和服务等信息，为用户最终形成购买决策提供支持。

（三）信息发布

无论哪种网络营销方式，结果都是将一定的信息传递给目标人群，包括客户、潜在客户、媒体、合作伙伴、竞争者等。信息发布既是网络营销的基本职能，也是网络营销的主要方法之一。

（四）销售促进

营销的基本作用是为增加销量提供帮助，促进销售并不仅限于促进网上销售，事实上，网络营销在很多情况下对于促进线下销售也十分有价值。

（五）渠道延伸

网上销售是企业销售渠道在网上的延伸。网上销售渠道建设包括自建网站、在综合电子商务平台上开设网上商店，以及与其他电子商务网站开展不同形式的合作等。

（六）客户服务

互联网提供了更加方便的在线客户服务手段，从形式最简单的FAQ（常见问题解答），到邮件列表，以及论坛、QQ、微信等各种即时信息服务。客户服务质量对于网络营销效果具有重要的影响。

（七）客户关系

良好的客户关系是网络营销取得成效的必要条件，通过网站的交互性、客户参与等方式开展客户服务，可增进客户关系，促进销售。

（八）网上调研

网上调研可通过在线调查表或者电子邮件等方式进行，相对于传统市场调研，网上调研具有高效率、低成本的特点。

开展网络营销的意义在于充分发挥各种职能，让网上经营的整体效益最大化。网络营销的职能是通过各种网络营销方法来实现的，网络营销的各个职能之间并非相互独立，而是相互联系、相互促进的。一个网络营销职能可能需要多种网络营销方法的共同作用，而同种网络营销方法也可能适用于多个网络营销职能。

四、网络营销与传统营销的区别

微课视频

4-3 网络营销与传统营销的区别及联系

网络营销与传统营销是构成企业整体营销战略的重要组成部分，网络营销是在网络环境下对传统营销的拓展和延伸，它与传统营销有着内在的必然联系，但在手段、方式、工具、渠道以及营销策略等方面又有着本质的区别。网络营销与传统营销的异同如表 4-1 所示。

表 4-1 网络营销与传统营销的异同

异同	主要内容	具体阐述
相同点	都是企业的一种经营活动	两者所涉及的范围不仅限于商业性内容（即产品生产出来之后的活动），而且还要向前延伸到产品制造之前的研发活动，并向后延伸到企业的售后服务环节
	都需要企业的既定目标	现代企业的市场营销目标不仅仅是某个目标，更重要的是追求某种价值的实现。实现这样的目标要启动多种关系，而且要制定出各种策略，做好整合营销，最终才能够实现预计所要达到的目标
	都把满足客户需求作为一切活动的出发点	没有客户参与，就不可能完成销售过程。网络营销和传统营销很好地体现了这一点，就是尽一切可能去满足客户的需求
	都要满足客户的附加需求	对客户需求的满足，不能仅停留在现实需求上，而且还要满足其附加需求，也就是说企业不但要向客户提供满意的产品，而且在产品的售后服务、产品更新等方面，也要对客户负责
不同点	产品方面	在互联网上进行市场营销的产品可以是任何产品或任何服务项目，如电子杂志、软件等无形产品；而在传统营销领域却很难做到营销所有产品
	价格方面	在互联网上营销产品，由于减少了中间环节，节省了营销费用，所以其产品的价格可以低于传统营销方式下的价格，从而有较大的竞争优势。而传统营销的产品以成本为基准价格，依赖层层严密的渠道，并通过大量的人力与宣传投入来争夺市场，其中营销成本在综合成本中占有较高的比重，销售价格偏高

续表

异同	主要内容	具体阐述
不同点	渠道方面	网络营销的渠道是集多种功能于一体的互联网，具有“距离为零”和“时差为零”的优势，改变了传统的迂回模式，可以采用直接的销售模式，实现零库存、无分销商的高效运作；传统营销的渠道是多层次、多渠道的
	促销方面	网络促销是一对一的、双向的、理性的、客户主导的、非强迫性的、循序渐进式的、个性化的、低成本的促销；而传统促销是一对多的、单向的、强迫性的、非个性化的、高成本的促销

五、网络营销的优势与劣势

（一）网络营销的优势

从企业的角度来看，网络营销主要有以下优势。

音频

4-4 网络营销的优势

1. 有利于企业扩大市场范围，提高市场占有率

国际互联网覆盖全球市场，利用互联网可以即时联通国际市场，减少市场壁垒，真正形成全球社区。企业的市场覆盖范围扩大，销量增大，利于提高企业的市场占有率。

2. 有利于企业与客户的良好沟通

首先，网络营销简化了购物环境，节省了客户的时间和精力，提高了买卖双方的交易效率。其次，网络营销的一对一服务可以给客户充分自由的时间和空间，进行产品对比后做出决定。

3. 有利于企业突出产品的多媒体效果

网络广告不需印刷，不受时间、版面限制，既具有平面媒体的信息承载量大的特点，又具有电波媒体的视觉、听觉效果，可谓图文并茂、声像俱全，便于客户随时获取，并能全方位亲身“体验”产品，大大突出产品促销的多媒体效果。

4. 有利于企业取得成本优势

网络媒介提高了企业营销信息传播的效率，增强了传播效果，拓宽了销售范围，降低了传播成本，节省了人工费用，同时缩短了分销环节，降低了销售成本，使产品具有价格竞争力。另外，网络营销无店面租金成本，能帮助企业减轻资金压力，企业根据订货情况及时调整库存量还能降低库存费用。

5. 有利于帮助企业实现全过程的营销目标

企业可通过电子公告栏和电子邮件等方式，以极低的成本在营销的全过程中对客户进行即时的信息收集，客户则有机会对产品的设计、定价和服务等一系列问题发表意见。这种双向互动的沟通方式提高了客户的参与性和积极性，使企业的营销决策有的放矢，从根本上提高了客户的满意度，帮助企业实现全过程的营销目标。

（二）网络营销的劣势

凡事有利也有弊，网络营销也不例外。与传统营销相比，网络营销的主要劣势体现在以下两个方面。

1. 缺少信任感

由于进行网上宣传时，客户无法亲自体验很多产品或项目，所以容易存在欺骗行为。

2. 存在安全隐患

网络病毒的存在时刻给人们带来威胁，网上黑客、网络犯罪增加了网上交易的不安全性，

增加了信息传播的风险。

六、相关工作岗位

在汽车销售与服务企业中，主要有以下网络营销相关岗位。

（一）网络营销运营

网络营销运营主要负责企业网络运营部门整体运作工作，包括网络运营部产品、品牌、创意、推广文案的撰写和网站专题活动的策划等，对网站销售力和传播力负责。

（二）网站编辑

网站编辑主要负责网络运营部资讯、专题等网站内容和推广文案的撰写执行工作，包括定期对网站资讯内容及产品进行编辑、更新和维护等，对网站销售力和传播力负责。

（三）网络推广/网站推广

网络推广/网站推广主要负责网络运营，创意文案、推广文案的撰写及发布，以及媒体公关和广告投放等工作，负责提升网站有效流量。

【学生活动实训】

1．活动内容

以小组为单位，任选一款车型，搜集该车型的网络营销资料，分析网络营销方式的特点和作用。

2．活动目的

认识网络营销，培养学生用所学知识解决实际问题的能力。

3．活动步骤

（1）小组成员合作搜集资料，并讨论分析。

（2）各小组间分享调查分析结果。

（3）教师进行指导并做出分析评价。

4．活动评价

评价项目	是否达到活动目的（40%）	练习表现（40%）	职业素养（20%）
评价标准	① 方案合理、有效、完整 ② 方案比较完整 ③ 方案不完整	① 积极参与、表现积极 ② 参与主动性一般 ③ 不积极参与	① 大有提升 ② 略有提升 ③ 没有提升
自我评价（15%）			
组内评价（20%）			
组间评价（30%）			
教师评价（35%）			
总得分（100%）			

任务二　网络营销的开展

【课程导航】

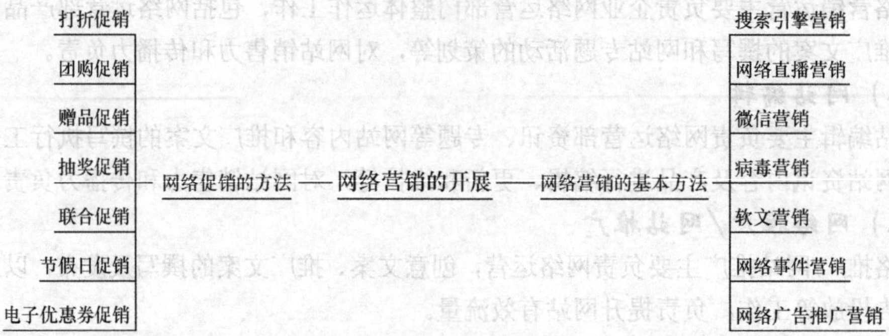

【学习目标】

- 知识目标

掌握常见的网络营销基本方法。

掌握各种网络促销的方法。

- 能力目标

能在汽车销售服务企业进行网络营销工作。

能够撰写简单的网络促销活动方案。

【任务描述与分析】

任务描述：小刘正式入职上班，恰逢九月公司准备在网上发布两款新车及对老款库存车辆进行促销，公司准备把这项工作交给网销部完成。作为网销部的一员，小刘应该做哪些准备？

任务分析：汽车网销部的员工一定要知道网络营销有哪些方法，带着这些问题，小刘跟着老员工一起在实践中学习。

【相关知识】

一、网络营销的基本方法

网络营销方法是对网络营销资源和网络营销工具的合理利用，是网络营销各项职能得以实现的基本手段，在网络营销内容体系中处于重要位置。网络营销的基本方法主要有以下几种。

微课视频

4-5　搜索引擎营销

（一）搜索引擎营销

搜索引擎营销（Search Engine Marketing，SEM）就是基于搜索引擎

平台的网络营销，利用人们对搜索引擎的依赖和使用习惯，在人们检索信息的时候将信息传递给目标客户。搜索引擎营销的基本思想是让客户发现信息，并点击链接进入网站或网页，进一步了解所需信息的详细内容。

搜索引擎营销的方法包括搜索引擎优化（Search Engine Optimization，SEO）、竞价排名、关键词广告及点击付费广告。

（1）竞价排名是在网站付费后才能被搜索引擎收录的，付费越高者排名越靠前。竞价服务是由企业为自己的网页购买关键字排名，按点击次数计费的一种服务。企业可以通过调整每次点击付费价格，控制自己在特定关键字搜索结果中的排名；并可以通过设定不同的关键字捕捉到不同类型的目标访问者。

（2）关键词广告即在搜索结果页面显示广告内容，实现高级定位投放，企业可以根据需要更换关键词，相当于在不同页面轮换投放广告。

（3）点击付费广告（Pay Per Click，PPC）是一种当使用者通过点击广告访问企业的网站时，才需要企业支付费用的广告，广泛用在搜索引擎、网站或博客等网络广告平台。在国内较流行的点击付费搜索引擎有百度、搜狗、必应、搜搜、360、有道等，如图 4-1 所示。

图 4-1 点击付费搜索引擎

（4）SEO 是指在了解搜索引擎自然排名机制的基础上，对网站进行内部及外部的调整优化，改进网站在搜索引擎中关键词的自然排名，获得更多的展现量，吸引更多目标客户点击访问网站，从而达到网络营销及品牌建设的目标。

音频

4-6 网络直播营销的定义

（二）网络直播营销

1. 网络直播营销的定义

网络直播营销是指在现场随着事件的发生、发展进程同时制作和播出节目，并在节目中对企业或产品进行推广的营销方式。该营销方式以直播平台为载体，以企业提升品牌或增加销量为目的。

思 考

请列出你所知道的所有直播平台及其特点。

2. 网络直播营销的模式

（1）品牌+直播+明星（操作难度：★★）

明星效应向来强大，特别是直播正进入平民化阶段，大牌明星的出现，一下就能博得客户的关注，产生轰动效应，而且导流能力强，能为品牌带来实实在在的销量。不过这种营销模式的劣势也是显而易见的，部分明星的直播局限于片场间隙、后台化妆间，并无充分准备，能留下来的话题不多。按照目前品牌在直播上消费明星的速度，大众的猎奇心理很快就会被满足，距离审美疲劳也就不远了。

（2）品牌+直播+发布会（操作难度★★★）

品牌+直播+发布会的一个突出案例是小米科技董事长雷军通过十几家视频网站和手机直播 App 直播了小米无人机发布会。线上发布会的好处：首先，没有场地费和搭建费，省掉一笔开支；其次，覆盖的群体广，客户参与度也提升了，每个人都可以留言向雷军提问。作为国内“第一次”纯在线直播的新品发布会，这次发布会的直播具有事件营销的性质。

然而发布会直播不是想做就能做的，最关键的是出任主播的企业 CEO 的临场反应能力。

（3）品牌+直播+企业日常（操作难度：★★★）

社交时代，营销强调拟人化。如同普通用户分享自己的生活点滴，品牌分享自己正在做的事，也正成为与公众建立密切关系的社交方式。而且屏幕背后往往隐藏着精彩，但如何从琐碎枯燥中挖掘出具有吸引力的素材、故事，是对公关人、营销人的一大考验。

（4）品牌+直播+深互动（操作难度：★★★★★）

直播最大的优势在于能带给客户更直接更亲近的使用体验，甚至可以做到零距离互动，这是其他平台无法企及的。然而深互动的成本相对于其他直播来说会高一些，同时对主持人的临场反应能力要求也很高。

（三）微信营销

1. 微信营销概述

微信营销是网络经济时代企业营销模式的一种创新，是伴随着微信的火热而兴起的一种网络营销方式。微信不存在距离的限制，用户注册微信后可与其他已注册微信的“朋友”形成一种联系，用户订阅自己所需的信息，企业通过提供用户需要的信息推广自己的产品，从而实现点对点的营销。

2. 微信营销的优势

（1）营销成本低。传统营销一般需要借助大众媒体或开展落地活动，营销推广成本高。而微信本身是免费使用的，团队组建、运营、监控管理的成本也较低。

（2）到达率、曝光率高。到达率和曝光率是衡量营销效果很重要的两个指标，群发手机短信和群发邮件容易被屏蔽，而微信公众号群发的每一条内容都能 100%地发送给关注该公众号的所有用户；与微博相比，微信信息也具有更高的曝光率。

（3）用户黏性强。微信是建立在信任的基础上的，一般是朋友间的关注，对于推送的内容更容易接受，推广效果更好，且便于忠诚用户向他人推荐分享，传播性高。如果微信公众平台是用户主动添加的，则用户黏性更强，流失率更低。

（4）高精准度。用户在关注企业微信公众号时，企业就可以获取用户的性别、年龄、位置等信息，这样就能够根据用户信息投放不同内容；建立在许可式主动订阅的基础上，每一个用户都是企业的潜在客户，推送的内容更容易被接受。

（5）客户关系管理（CRM）便利。通过微信平台可以获得很多用户资料，因此便于建立客户关系管理，为后续的营销推广做好准备。

3. 微信公众平台

微信公众平台是腾讯公司在微信的基础上新增的功能模块个人、企业和组织都可以通过微信公众平台打造一个微信公众号，实现和特定群体在文字、图片、语音等方面进行全方位的沟通和互动。目前，微信公众号有三种，即服务号、订阅号和企业号。三种账号的功能及面向的人群有所不

微课视频

4-7 微信订阅号与服务号的区别

同，如表 4-2 所示。

做一做

你关注过哪些汽车企业微信公众号？它们各自有什么优缺点？试着申请一个自己的微信公众号。

表 4-2　订阅号、服务号与企业号的区别

账号类型 / 区别	订阅号	服务号	企业号
业务功能	为媒体和个人提供一种媒体传播方式，构建与读者之间更好的沟通与管理模式	给企业和组织提供更强大的服务与用户管理能力，帮助企业实现全新的公众号服务平台	帮助企业和组织内部建立员工、上下游合作伙伴与企业 IT 系统间的连接
消息显示方式	折叠在订阅号文件夹中	出现在好友会话列表	出现在好友会话列表
消息次数限制	每天群发一次	每月主动发送消息不超过四条	最高每分钟可群发 200 次
验证关注者身份	任何微信用户都可关注	任何微信用户都可关注	通讯录成员可关注
消息保密	消息可转发、分享	消息可转发、分享	消息可转发、分享；支持保密消息，防止成员转发
定制应用	不支持	不支持	可根据需要定制应用，多个应用聚合成一个企业号
微信支付	不支持	认证后支持	不支持

订阅号、服务号和企业号的页面如图 4-2 所示。

图 4-2　订阅号、服务号和企业号的页面

微课视频

4-8　微信营销与微博营销的区别

思 考

微博和微信都属于社会化媒体，都具有极强的社交属性。同时伴随着二者越来越被广泛使用，它们俨然已经成为企业开展微营销的必用工具。微信营销与微博营销有什么区别呢？

（四）病毒营销

音频

4-9 病毒营销

病毒营销是指利用公众的积极性和人际网络，让营销信息像病毒一样传播和扩散，营销信息被快速复制传向数以万计的受众。病毒营销与口碑营销的区别在于，病毒营销是由公众自发形成的传播，其传播费用远远低于口碑营销；病毒营销的传播方式主要依托于网络，传播速度远比口碑传播快，如图 4-3 所示。

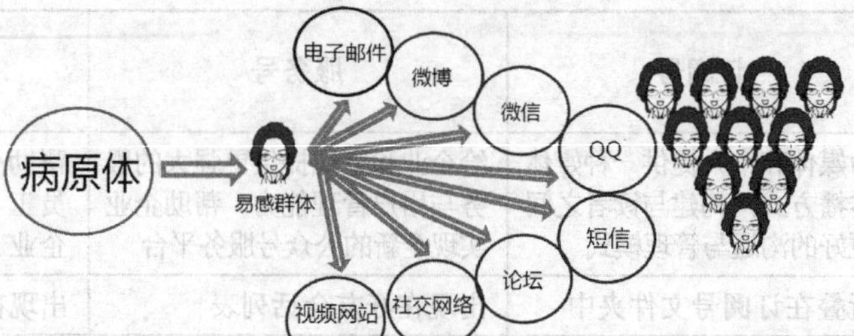

图 4-3 病毒营销的传播方式

进行病毒营销时要注意以下事项。

（1）提供有价值的产品或服务。对传播者而言，促使其愿意成为传播者的首要原因在于其传播内容对于传播者的价值。如果不重要，他/她凭什么帮忙免费传播？所以在采用病毒营销之前，企业首先要对其要传播的产品和服务进行提炼和设计。

（2）提供无须付出太多努力即可向他人传递信息的方式。设计出只需传播者举手之劳就可以实现的传播方式，比如使用即时通信工具如微信、QQ，或者发个短信、发个邮件等只要动一下手就能轻易实现，最忌讳复杂的操作。

（3）信息传递范围很容易从小向很大规模扩散。要找到容易把消息迅速传播出去的出发点——“病毒传染源”。如一些有名的论坛等，或者找一些名人作为“传染源”。

（4）充分利用公众的积极性和行为。最容易激发人的积极性的莫过于公共性话题，当然与个人自身密切相关的话题也能引起传播者参与的兴趣，虽然给予奖品等也能吸引一部分人参加，但远不如“中立”具备更高的关注潜力。

（五）软文营销

软文指企业支付一定费用在报纸或杂志等宣传载体上刊登的纯文字性的广告。早期定义为付费文字广告。广义的软文指企业通过策划在报纸、杂志、网络、手机短信等宣传载体上刊登或发布的可以提升企业品牌形象和知名度，或可以促进企业销售的一些宣传性、阐释性文章，包括特定的新闻报道、深度文章、付费短文广告、案例分析等。有的电视节目会以访谈、座谈方式进行宣传，这也归为软文。

软文营销就是指通过特定的概念诉求，以摆事实、讲道理的方式使客户走进企业设定的“思维圈”，以强有力的、有针对性的心理攻击迅速实现产品销售。

文档

4-10 奇瑞 A5：不抛弃不放弃

软文营销通常分为以下几类。

1. 新闻式

新闻式软文主要是指企业的公关新闻。所谓事件新闻体，就是寻找一个宣传项目，以新闻事件的手法去写，让读者认为就仿佛是昨天刚刚发生的事件。这样的文体体现了企业本身的技术力量，但是，在编写新闻式软文时，要结合企业的自身条件，不要天马行空地写，否则，多数会造成负面影响。

2. 故事式

通过讲一个完整的故事带出产品，使产品的“光环效应”和神秘性给客户心理造成强烈暗示，使销售成为必然。例如：“1.2 亿买不走的秘方”“神奇的植物胰岛素”等。讲故事不是目的，故事背后的产品线索是文章的关键。听故事是人类最古老的知识接受方式，所以故事的知识性、趣味性、合理性是软文成功的关键。

3. 诱惑式

诱惑式软文的关键就是信息要有诱惑性，抓住客户喜欢物美价廉的心理特征，将一些免费信息、试用信息、打折信息传递给客户，使客户能感受到物超所值，或者能切实解决困扰客户的问题等。

4. 悬念式

悬念式软文也可以叫设问式软文，核心是提出一个问题，然后围绕这个问题自问自答。例如“人类是否可以长生不老”“什么使她重获新生”等，通过设问引起话题和关注是这种方式的优势。但是必须掌握分寸，首先提出的问题要有吸引力，答案要符合常识，不能作茧自缚、漏洞百出。

5. 情感式

情感一直是广告的一个重要媒介，软文一般信息传达量大、针对性强，情感表达方面更可以使人心灵相通。情感式软文最大的特色就是容易打动人，容易走进客户的内心，所以“情感营销”一直是营销方式中效果较好的一种。

6. 恐吓式

恐吓式软文属于反情感式诉求，情感诉说美好，恐吓直击软肋。如：“高血脂，瘫痪的前兆！”“天啊，骨质增生害死人！”实际上恐吓形成的效果要比赞美和爱更具备记忆力，但是也往往会遭人诟病，所以一定要把握分寸。

7. 促销式

促销式软文常常用于上述几种软文见效时的跟进——“众人抢购×××”“×××，卖疯了……”这样的软文可直接配合促销使用，通过“攀比心理”“影响力效应”等多种因素来促使客户产生购买欲。

（六）网络事件营销

网络事件营销是企业通过策划、组织和利用具有名人效应、新闻价值以及社会影响的人物或事件，引起事件营销的媒体、社会团体和客户的兴趣与关注，以求提高企业或产品的知名度、美誉度，树立良好品牌形象，并最终促成产品或服务的销售。

音频

4-11 网络事件营销

事件营销成为大新闻的概率很小，许多成功的事件营销的背后，常常有无数个不成功的策划案。做好事件营销尚有规律可循，只有万事俱备才可能引爆事件。引爆事件营销需要以下几个关键点。

1. 分析需求、锁定目标

在策划事件之初，要明确企业和客户双方的需求。一方面，想明白企业诉求是什么、渴望告诉客户什么信息，达到什么效果。诉求不要太多，明确一个即可，营销事件专攻这一个点。另一方面，要清楚客户关心什么、需要什么，只有满足客户的需求，才能让客户自发传播。

2. 紧贴热点、用户关联

把事件营销关联到客户日常或当下的热点。是否与客户相关、贴近客户需求，创意是否具有趣味性、公益性、人情味、新奇点，决定了事件的新闻价值。这些新闻价值赋予事件自传播的能力，客户会自主转发。

3. 引导参与、快速裂变

发挥客户裂变效应，让客户在后续有再创造的空间，让客户参与到传播的过程中。前期的文案、海报、视频等资料统统准备好，确定故事讲述方式，设置互动，然后找一些自带流量的营销号集体发声，引发讨论并成为热点，吸引媒体跟进报道。

提　示

网络事件营销用户参与度等级

事件营销中的用户参与度常被划分为5级：第1级，用户看一眼内容就关掉，为最低参与度；第2级，用户看了之后点赞或者评论；第3级，用户看了之后会分享到朋友圈让好友看；第4级，用户对事件内容再创造；第5级，事件全民皆知，新闻会报道，甚至媒体会再创造。

4. 预测风险、落地转化

网络事件营销与传统营销环境迥异，互联网可以让感人的事件火爆网络，也可以让触怒大众的事件自食其果。网络传播速度之快，可以让一个品牌“一夜天堂”，也可能“分秒地狱”。因此网络事件营销要本着求真务实的态度，营销内容应积极向上，充满正能量，不能有弄虚作假欺骗用户的恶意炒作行为，更不能挑战大众道德底线，违背价值观。此外，网络事件营销由事件燃起，最终落脚点是营销，事件发出的声音再大，品牌没有被记住或者换不来转化，都是白用功。

提　示

网络事件营销已经是国内外企业在品牌营销过程中经常采用的一种公关传播与市场营销推广的手段。但在进行网络事件营销的过程中，企业一定要注意风险控制，不能触犯国家的法律法规，不能损害品牌的形象，不能与实际不符。

（七）网络广告推广营销

网络广告是指利用以计算机连接而形成的信息通信网络作为广告媒体，采用相关的电子多媒体技术设计制作，并通过计算机网络传播的广告形式。简单地说，网络广告就是在网络平台上投放的广告。网络广告的本质是向互联网客户传递营销信息的一种手段，是对客户注意力资源的合理利用。

小资料

国内外最早的网络广告

网络广告最早出现在美国。1994 年 10 月 14 日，美国《连线》（*Wired*）杂志推出网络版——Hotwired，其主页上开始有 AT&T 等 14 个客户的广告横幅。这标志着一种面向新世纪的广告新形式正式诞生。1997 年 3 月比特网（ChinaByte）上出现了我国第一个商业性的网络广告，广告主是英特尔（Intel），广告表现方式是 468 像素 × 60 像素的动画横幅告。

1. 网络广告的特点

网络广告的特点如表 4-3 所示。

表 4-3 网络广告的特点

序号	特点	具体介绍
1	传播范围广	网络广告的传播不受时间和空间的限制，通过互联网将广告信息 24 小时不间断地传播到世界各地
2	非强迫性	网络广告是非强迫性的，它具有类似报纸分类广告的性质，让访问者自由查询，访问者既可以只看标题，也可以从头浏览到尾；既可以粗略浏览，也可以详细查看
3	交互性强	互联网信息共享特点决定了网络广告的交互性。网上的信息是互动传播的，用户可以获取自己认为有用的信息，厂商也可以随时得到宝贵的用户反馈信息
4	定向性强	网络广告不仅可以面对所有互联网用户，而且可以根据受众用户确定广告目标市场。这样就可以通过互联网，把适当的信息发给适当的人，实现广告的定向投放
5	统计能力强	网络广告的发布者可以通过权威公正的统计系统，统计出企业的广告被多少个用户看过，以及这些用户的跟踪信息，从而有助于企业正确评估广告效果
6	实时、灵活	传统媒体广告一旦发布就很难再更改了，网络广告可以按照需要及时变更广告内容，这样广告商就能将其经营性决策的变化及时实施和推广
7	成本低	网络广告无须印刷、拍摄或录制，在网上发布广告的总价格较其他形式的广告价格便宜很多。与报纸和电视相比，网络广告在价格上极具竞争力
8	强烈的感官性	网络广告的内容非常丰富，一个站点的信息承载量一般大大超过传统印刷宣传品；不仅如此，运用计算机多媒体技术，网络广告以图、文、声、像等多种形式，生动形象地将产品或市场活动的信息展示在用户面前

2. 网络广告的形式

网络广告采用先进的多媒体技术，拥有灵活多样的广告投放形式。目前网络广告投放的形式主要有以下几种。

（1）横幅广告，又名“旗帜广告”，是最常用的广告形式之一。通常以 Flash、GIF、JPG 等格式定位在网页中，同时还可使用 Java 等语言使其产生交互性，用 Shockwave 等插件工具增强表现力；用户可以点击进入广告主的网站。横幅广告后来逐渐发展为互动广告。图 4-4 所示的中心图片为横幅广告。

图 4-4　横幅广告

（2）按钮广告，又名“图标广告”。其制作方法、付费方式、自身属性与横幅广告没有区别，仅在形状和大小上有所不同。由于尺寸偏小，因此表现手法比较简单，一般只由一个标志性图案构成，通常是商标或厂徽等，它的信息量非常有限，吸引力也相对差一些，只能起到一定的提示作用。思域汽车的按钮广告如图 4-5 所示。

图 4-5　按钮广告

（3）软性广告。广告与内容的结合可以说是软性广告的显著特征，从表面上看它们更像网页上的内容而并非广告。

（4）其他类型广告。其他类型广告主要包括分类广告、视频广告、巨幅连播广告（见图 4-6）、对联广告（见图 4-7）、撕页广告等。

图 4-6　巨幅连播广告

图 4-7　对联广告

3. 网络广告的计价方式

网络广告的计价方式可按展示计费、行动计费、销售计费进行划分。主要计价方式如表 4-4 所示。

表 4-4　　网络广告计价方式

划分标准	计价方式	具体介绍
按展示计费	用户千次印象成本（Cost per Mille，CPM）	广告每显示 1000 次（印象）的费用。CPM 是最常用的网络广告计价方式之一
	定位用户千次印象成本（Cost per Targeted Mille，CPTM）广告	经过定位的用户的千次印象费用（如根据人口统计信息定位）。CPTM 与 CPM 的区别在于，CPM 是所有用户的印象数，而 CPTM 只是经过定位的用户的印象数
按行动计费	每次点击成本（Cost per Click，CPC）	费用根据广告被点击的次数收费，关键词广告一般采用这种计价方式
	每次点击付费（Pay per Click，PPC）	根据点击广告或者电子邮件信息的用户数量来付费的一种网络广告计价方式
	每次行动成本（Cost per Action，CPA）	根据每个访问者对网络广告所采取的行动收费的计价方式。对于用户行动有特别的定义，包括形成一次交易、获得一个注册用户，或者对网络广告的一次点击等
	每个销售线索成本（Cost Per Lead，CPL）	按注册成功用户数支付佣金
	按潜在客户付费（Pay per Lead，PPL）	每次通过网络广告产生的引导付费的计价方式
按销售计费	每个订单成本（Cost per Order，CPO）	根据每个订单每次交易来收费的方式
	每次销售成本（Cost for per Sale，CPS）	以实际销售产品数量来换算广告刊登金额
	按销售额付费（Pay per Sale，PPS）	根据网络广告所产生的直接销售数量付费的一种计价方式

二、网络促销的方法

网络促销是指利用计算机及网络技术向虚拟市场传递有关商品和服务的信息以引发客户需求，唤起购买欲望和促成购买行为的各种活动。

网络促销是在网络营销中使用的手段之一，在适当的时候利用网络促销，可以更好地促使销售转化，更好地为销售服务。比较常见的网络促销方法有以下几种。

（一）打折促销

打折促销又称折扣促销，是企业在特定市场范围和经营时期内，根据商品原价确定让利系数，进行减价销售的一种方式，是现代市场上最常见的一种促销手段。折扣促销是一把“双刃剑”。折扣促销可以给客户以较明显的价格优惠，可以有效地提高商品的市场竞争力，刺激客户的消费欲望，鼓励客户大批量购买商品，创造出“薄利多销”的市场获利机制。同时这也是一种只适合于特定时期或特定任务的短期性促销方法，若长期使用会给客户留下所销售产品是廉价甚至劣质的负面印象。

（二）团购促销

团购（Group Purchase）就是团体购物，指相互认识或不认识的潜在客户联合起来，加大与企业的谈判能力，以求得最优价格的一种购物方式。根据薄利多销的原理，企业可以给出低于零售价格的团购折扣（单独购买得不到）的优质服务。图 4-8 为汽车团购网——团车网的网站首页。

图 4-8　团车网

（三）赠品促销

在客户购买产品或服务时，可以给客户赠送一些附属产品或服务，以促进主产品的销售，在赠品的选择上要选一些有特色的、让客户感兴趣的产品，如延保礼、置换礼等，如图 4-9 所示。

图 4-9　瑞虎 8 礼包促销

赠品促销应注意赠品的选择，具体内容如下。

（1）不要选择残次品、劣质品作为赠品，这样做只会有适得其反的效果。

（2）明确促销目的，选择适当的、能够吸引客户的产品或服务。

（3）注意时间和时机，如冬季不能赠送只在夏季才能用的物品。另外在危机公关等特殊情况下也可考虑不计成本的赠品活动以解决公关危机。

（4）注意预算和市场需求，赠品要在能接受的预算内，不可过度赠送赠品而造成营销困境。

（四）抽奖促销

抽奖促销就是利用公众消费过程中的侥幸获大利心理，设置中奖机会，利用抽奖的形式，来吸引客户购买商品，如图 4-10 所示。

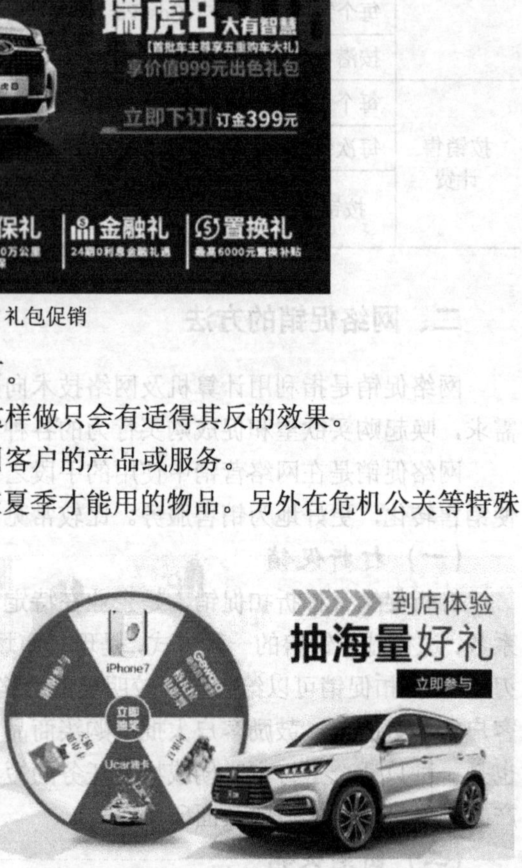

图 4-10　抽奖促销

这是网络上常用的促销方法。抽奖时要公开、公平、公正，奖品对大家有吸引力，这样才会有更多的用户对促销活动感兴趣。

采用抽奖促销的优点是能够覆盖大范围的目标消费群体，对销售具有直接的拉动作用，可以吸引新顾客尝试购买，促使老顾客再次购买或者多次重复购买。

（五）联合促销

联合促销是指两个以上的企业或品牌合作开展促销活动。这种做法的最大好处是可以使联合体内的各成员以较少费用获得较大的促销效果。联合促销有时能达到单独促销无法达到的目的。联合促销是最近几年发展起来的新的促销方式。

联合促销分为两种形式，一种是企业内部自己两个不同品牌的联合促销；另一种是不同企业、不同品牌之间的联合促销。

联合促销应注意如下几个要点。

（1）关联性。进行联合促销的两个品牌必须是具有一定关联性的品牌，这个关联性可以是品类的、功能的、作用的等。

（2）可操作性。在进行联合促销的时候，虽然两个品牌之间存在某种程度上的关联性，运作联合促销的各方也都能实现双赢或多赢，但实际操作起来必须考虑到客户的消费习惯、操作的便利性，否则促销效果将会不明显。

（3）持续性。联合促销在其高效、节俭的同时也存在单个品牌传播弱化的问题，要想取得比较理想的效果，就要考虑整个促销活动周期的持续性，让联合促销的双方都能最大限度地暴露在目标客户面前，最大限度地发挥促销的功能，最终收到理想的效果。

例如，一汽丰田联合促销的抢购会，与保险公司、车辆管理所合作，让用户真实体验购车后的便捷，增强了企业的服务能力，提升了顾客满意度。

（六）节假日促销

节假日促销是非常时期的营销活动，是指在节假日期间，利用客户节假日消费的心理，综合运用广告、公演、现场售卖等营销手段，进行产品、品牌的推介活动，旨在提高产品销售力，提升品牌的形象，如图 4-11 所示。策划节假日促销的要点如下。

图 4-11　比亚迪“七夕”促销

（1）明确目标

节假日促销必须有针对性，分清主次，重点解决终端通路，主要目标是通过一系列活动来提高产品销量，提高客户认可度。活动前要详细分析客户对产品的倾向程度、节假日消费行为、对促销办法的接受程度、对相似产品的市场态度。

（2）突出促销主题

促销活动要给客户耳目一新的感觉，就必须有一个好的促销主题。因此，节假日的促销主题设计有几个基本要求：一是要有冲击力，让客户看后记忆深刻；二是要有吸引力，让客户产生兴趣，例如很多厂家用悬念主题吸引客户探究心理；三是主题词要简短易记。

（3）关注促销形式

在传统的现场秀、买赠、折扣、积分、抽奖等方式的基础上，进行细节的创新创意。

（4）把产品卖点节日化

要根据不同节假日情况、节假日消费心理、节假日市场的现实需求和每种产品的特色，研发推广适合节假日期间休闲、应酬、交际的新产品。

（5）促销方案要科学

办好节假日促销活动，要事先准备充分，把各种因素考虑周到，尤其是促销终端人员，必须经过培训指导，否则会引起客户不满，活动效果将会大打折扣。节假日促销至少要做好三件事：销售促进媒介的选择，销售促进时机的选择，销售促进目标对象的选择。

（6）对促销活动的设计

尽量不要和竞争者正面对抗，不要打价格战，应该独辟蹊径，突出自己的优势和卖点。

提　示

随着汽车市场竞争日趋激烈，企业越来越重视各种节假日营销，创意层出不穷。

（七）电子优惠券促销

电子优惠券（Electronic Coupon，E-Coupon）是优惠券的电子形式，指以各种电子媒体（包括互联网、彩信、短信、二维码、图片等）制作、传播和使用的促销凭证，如图 4-12 所示。例如，二维码及图片集成的电子优惠券，其中以电子打折券、电子代金券为主要形式。电子优惠券有别于普通纸质优惠券的特点，主要是制作和传播成本低，传播效果可精准量化。

图 4-12　“汽车之家”购车优惠券

发放电子优惠券的目的是帮助企业在短时期内以让利的形式对客户进行促销。所以企业在进行该种促销方式时必须注意以下三点。

（1）让利的幅度必须适度，从而达到增加销售量、提高利润的目的。

（2）让利必须是短期的，否则客户把促销当成了降价，让利就从短期变成了永久，客户把让利当成了理所应当。

（3）给出的折扣必须是真实的、最低的，才能引起客户对产品的购买欲望，提升购买力度。

文档

4-12 标致汽车网络营销策划方案

文档

4-13 北京现代汽车网络营销策划方案

【学生活动实训】

1．活动内容

“双 11”马上就要来了，小刘该如何设计这次促销活动呢？（给出一个活动策划方案）

2．活动目的

练习运用汽车网络营销的知识策划活动方案，培养学生解决实际问题的能力。

3．活动步骤

（1）组成学生活动小组。

（2）以小组为单位设计“双 11”促销活动的方案。

（3）小组将所设计的活动方案进行讲解和模拟演练。

（4）教师进行指导并做出分析评价。

4．活动评价

评价项目	是否达到活动目的（40%）	练习表现（40%）	职业素养（20%）
评价标准	① 方案合理、有效、完整 ② 方案比较完整 ③ 方案不完整	① 积极参与 ② 参与主动性一般 ③ 不积极参与	① 大有提升 ② 略有提升 ③ 没有提升
自我评价（15%）			
组内评价（20%）			
组间评价（30%）			
教师评价（35%）			
总得分（100%）			

满满正能量

文明使用网络

自我国接入互联网二十多年以来，互联网的发展已呈井喷之势。网络不仅成为人们获取信息的来源，更成为人们发布信息、民众和政府沟通交流的平台。互联网发展造就的网络生态，既可能成为正能量的扩音器，也可能是负面舆情的搅拌机。

《中华人民共和国网络安全法》明确规定，国家倡导诚实守信、健康文明的网络行为，推动传播社会主义核心价值观，采取措施提高全社会的网络安全意识和水平，形成全社会共同参与促进网络安全的良好环境。

广大青年学子是主要的网民群体，更要树立正确的网络安全观，提高网络素养，依法文明上网，拒绝网络暴力，不看低俗内容，不信网络谣言，杜绝网络沉迷；在行动中传播网络正能量，争做中国好网民，建设网络强国。

项目五
岗位准备

随着我国汽车的产销量持续增加，汽车品牌也不断增多，汽车营销活动也在蓬勃发展。汽车营销活动中最重要的职业岗位就是汽车销售顾问。那么该岗位的工作内容是怎样的？又需要有什么样的职业准备以及在汽车销售业务发生前要做哪些工作？在本项目中，我们将学习这些知识和技能。

|任务一　职业岗位的认知|

【课程导航】

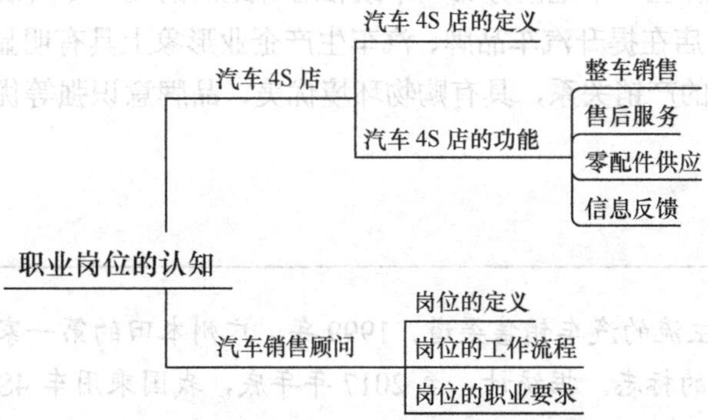

【学习目标】

- 知识目标

了解汽车4S店的基本功能。

了解汽车销售顾问岗位的工作内容及职业要求。

- 能力目标

能制订自己的汽车销售顾问岗位职业能力提升计划。

【任务描述与分析】

任务描述：小刘作为一名刚刚入职的汽车销售顾问，学习了一些营销理论知识，明白了市场营销方面的道理，但是在实际汽车销售工作中还是感到有些力不从心。她体会到，对汽车销售顾问这个职业，还需要有更充分的了解和认识。

任务分析：汽车营销行业发展日益壮大。它不仅综合运用了各种营销理论，更发展了自己独特的销售流程、方法和技巧。要从事汽车营销相关职业，首先要对岗位有基本的认知，并要了解目前我国乘用车新车主要的销售渠道——4S 店的职能，以及汽车销售顾问岗位工作的内容及职业要求。

【相关知识】

一、汽车 4S 店

目前我国乘用车新车主要是通过 4S 店销售的。随着汽车销量的持续攀升，汽车 4S 店也在蓬勃发展。

（一）汽车 4S 店的定义

我们通常将汽车销售服务企业称为“4S 店”。汽车 4S 店是集整车销售（Sale）、售后服务（Service）、零配件供应（Sparepart）以及信息反馈（Survey）于一体的汽车服务企业。

4S 店是一种以“四位一体”为核心的汽车特许经营模式，具有渠道的一致性和统一的文化理念，一般一个品牌在一个地区分布一个或相对等距离的几个专卖店，按照生产厂家的统一要求设计建造。4S 店在提升汽车品牌、汽车生产企业形象上具有明显优势。由于它与各个厂家之间建立了紧密的产销关系，具有购物环境优美、品牌意识强等优势，在我国发展极为迅速。

提　示

4S 店目前是最主流的汽车销售渠道。1999 年，广州本田的第一家 4S 店开始运营，成为 4S 店在中国诞生的标志。据统计，至 2017 年年底，我国乘用车 4S 店数量达 2.5 万家。

（二）汽车 4S 店的功能

1. 整车销售

整车销售是汽车营销活动的中心内容，是汽车 4S 店的基本职责，是为零配件供应、汽车维修、信息反馈等工作带来潜在客户的关键环节。在销售工作中，要始终坚持“可持续发展”的营销理念，所有部门密切配合，共同关注客户的“后续需要”，在兼顾社会效益的同时，为 4S 店的整体效益做出贡献。

整车销售包括进货、运输、验收、储存、销售等环节。在 4S 店销售的汽车大多是汽车生产企业直接发货的车辆，价格是由汽车生产企业指定的统一售价。

2. 售后服务

售后服务是现代汽车经销企业服务的基本组成部分。汽车售后服务指 4S 店在车辆售出后为客户提供的车辆保养、故障维修等服务。售后服务可以使企业与客户建立长久的、良好的往来关系，为企业积累宝贵的客户资源，以求销售环节的利润最大化。随着汽车市场发展，汽车 4S 店应更加致力于提高车辆的维修保养质量、规范服务程序和始终坚持诚信服务，不断提高客户满意度，巩固客户资源，使汽车企业获得更大的利润。

3. 零配件供应

零配件供应是汽车售后服务的基本保证。4S 店的零配件的价格一般比普通的维修店要高一些，但都是由汽车生产企业指定或提供的，具有可靠的质量保证。

4. 信息反馈

信息反馈是 4S 店的一个重要功能。汽车 4S 店直接接触客户，有条件及时准确地了解当前的市场动态，将汽车产品的使用性能、客户满意度等情况反馈给汽车生产企业，有利于汽车生产企业提高产品质量，开发满足客户需求的新产品，提高产品的市场占有率。

提 示

随着经济技术的发展，我国汽车行业涌现出创新的汽车销售模式，除了最主流的 4S 店模式之外，还有汽车品牌集合店、汽车超市、汽车电商线下店、汽车体验店等新的模式。这些模式促进了商业竞争，也给了消费者更多的选择空间，有利于我国汽车市场的健康发展。

二、汽车销售顾问

微课视频

5-1 认识汽车销售顾问岗位

（一）岗位的定义

汽车销售顾问为 4S 店中销售部门的一个重要岗位。汽车销售顾问是指经过专业的汽车相关知识的培训，在指定的汽车销售场所接待客户，使用销售技巧，分析客户需求，为客户讲解车辆，并为客户办理交车手续及相关服务，同时在客户用车过程中，及时为其解答关于本车相关问题的人员。

（二）岗位的工作流程

汽车销售顾问的工作范围是从事汽车销售工作，但其立足点是客户的需求和利益，向客户提供符合客户需求和利益的产品销售服务。

汽车销售顾问的工作流程有：客户开发、展厅接待、需求分析、产品介绍、试乘试驾、洽谈（异议处理）、成交（交易促成）、新车交付、售后跟踪等。整个流程形成一套完整的客户销售服务闭环，如图 5-1 所示。本书后面的内容主要以这个工作流程为顺序，进行汽车营销实务的学习。

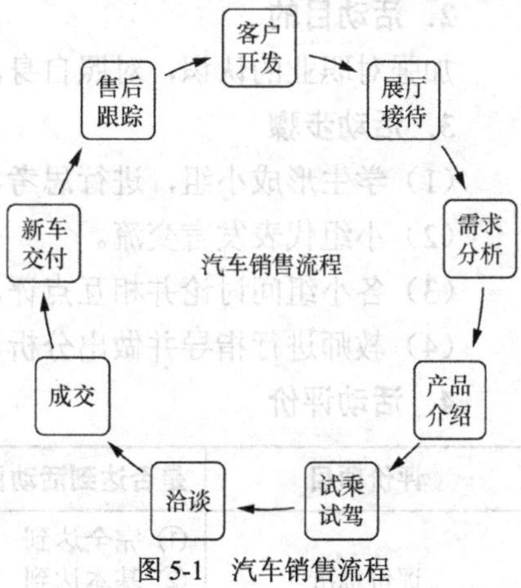

图 5-1 汽车销售流程

（三）岗位的职业要求

汽车营销是一个竞争性很强的行业，选择这一行业的前提是对这个工作具有浓厚的兴趣，并用积极的态度去工作。要达到汽车营销工作的成功，需要注意以下几方面素质的锻炼和提高。

1. 积极向上的心态

积极向上的心态是做好本工作的最基本素质。汽车营销是一个竞争性很强的行业，充满了挑战，不仅有成功和快乐，也会出现失败和烦恼。积极向上的心态在工作中起了决定性的作用，以积极的心态去应对负面情绪，应对工作中的艰难挑战，就会产生满意的结果。

2. 全面的专业知识

汽车销售顾问既要全面了解自己品牌的车型以及车型的卖点，也要熟悉竞争品牌车型的相关知识，以便为客户进行对比分析；除专业知识外，还要熟练掌握一定的商务技能，如商务礼仪、消费者心理分析、谈判沟通技巧等；还要了解汽车精品、汽车保险、汽车贷款等相关业务的操作。

3. 科学的工作方法

有好的心态和全面的知识并不代表成功，在汽车营销工作过程中，每天都会面临各种新问题、新情况、新挑战，如果没有正确处理问题的方法，就会事倍功半。因此，要养成良好的工作习惯，对过去发生的问题善于总结，并通过分析从中吸取经验教训；对未来的事情要有计划，才能有效地把握各种销售机会。

音频

5-2 接待客户时优秀销售顾问要做到的几点

4. 团队协作的意识

团队协作意识是指销售顾问在工作中与企业、部门、团队的其他同事配合，共同协作完成工作任务的意识。在激烈的社会竞争中，仅凭个人的能力，很难处理各种各样的复杂问题，因此，要有协作的意识，与团队成员形成合力，从而达到目标。

【学生活动实训】

1. 活动内容

思考自己若从事汽车销售顾问的职业，目前自身能力尚存在的不足有哪些，写出自身职业能力提升计划，并在小组间进行交流。

2. 活动目的

加强对职业的认识，对照自身，查找问题，逐步提升。

3. 活动步骤

（1）学生形成小组，进行思考、交流和沟通，完成活动内容。

（2）小组代表发言交流。

（3）各小组间讨论并相互点评。

（4）教师进行指导并做出分析评价。

4. 活动评价

评价项目	是否达到活动目的（40%）	练习表现（40%）	职业素养（20%）
评价标准	① 完全达到 ② 基本达到 ③ 不能达到	① 积极参与 ② 参与主动性一般 ③ 不积极参与	① 大有提升 ② 略有提升 ③ 没有提升

续表

评价项目	是否达到活动目的（40%）	练习表现（40%）	职业素养（20%）
自我评价（20%）			
组内评价（20%）			
组间评价（30%）			
教师评价（30%）			
总得分（100%）			

| 任务二　职业形象的塑造 |

【课程导航】

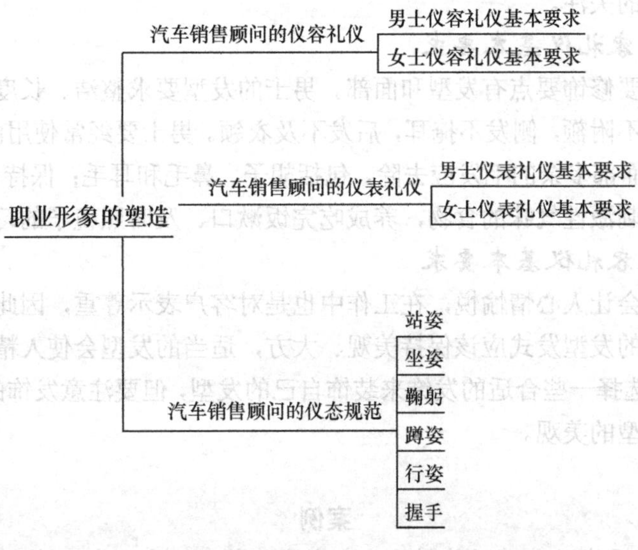

【学习目标】

- 知识目标

掌握汽车销售顾问仪容礼仪和仪表礼仪的基本要求。
掌握汽车销售顾问标准仪态的规范。

- 能力目标

能够满足汽车销售顾问岗位对在岗人员的职业形象要求，提升自身形象，为成为一名合格的汽车销售顾问做好准备。

【任务描述与分析】

任务描述：销售顾问小刘在工作中逐渐察觉到，那些衣着得体、行为规范、彬彬有礼的汽车销售顾问总是很受客户欢迎。

任务分析：汽车销售顾问是公司和产品的代言人，在客户的心中甚至比公司负责人更具有代表性，所以为了给客户留下良好的第一印象，销售顾问的个人形象是非常重要的。每一名销售顾问的个人职业形象如同他所在单位生产的产品、提供的服务一样重要，它不仅真实地反映了每一名销售顾问本人的教养、阅历以及是否训练有素，而且还准确地体现着他所在单位的管理水平与服务质量。因此销售顾问必须具备一定的礼仪知识来提升和塑造好自己的职业形象。

【相关知识】

一、汽车销售顾问的仪容礼仪

仪容，通常指的是一个人的外貌，即一个人的具体的外形与外观。在汽车销售过程中，仪容是客户注意最多，并且也是最受重视的地方。销售顾问在维护、修饰自我职业形象时，均应给予仪容充分的关注。

（一）男士仪容礼仪基本要求

男士仪容的主要修饰要点有发型和面部。男士的发型要求整洁、长度适中，重要场合对发型的要求是前发不附额，侧发不掩耳，后发不及衣领。男士要经常使用面霜保持脸部光洁；适当使用护唇膏；面部多余的毛发应去除，包括胡子、鼻毛和耳毛；保持口腔清洁，无异味、无异物，不要吃带刺激性气味的食物，养成吃完饭漱口、及时照镜子的习惯。

（二）女士仪容礼仪基本要求

美丽的面容总会让人心情愉悦，在工作中也是对客户表示尊重，因此，女士宜化清新、素雅的淡妆。女士的发型发式应该保持美观、大方，适当的发型会使人精神焕发，充满朝气和自信。有时可以选择一些合适的发饰来装饰自己的发型，但要注意发饰的样式应大方得体，这样才不会破坏发型的美观。

案例

虽然公司规定要求销售顾问着制服、化淡妆上岗，但是销售顾问小刘却认为浓妆、夸张的饰品和最流行的发型才能展现她的美丽。一天，店里来了一位客户，小刘接待了他。这位客户准备离开展厅的时候，对店内的销售总监说："销售顾问小刘的形象与你们店里经营的这么庄重的品牌太不协调了！"

作为汽车销售顾问，得体的仪容不仅能体现销售顾问良好的修养和独到的品位，还能更好地体现汽车的品牌形象。小刘追求美的心情是可以理解的，毕竟"爱美之心，人皆有之"。只是，小刘忽略了展厅对销售顾问仪容的要求，才导致客户这样的反馈。因此销售顾问的美要与汽车品牌形象相协调，化妆要符合公司规定，不能过于自我，否则只会弄巧成拙。

二、汽车销售顾问的仪表礼仪

仪表礼仪也指着装礼仪，包括服装以及配饰的搭配和色彩。仪表礼仪体现着一种企业文化、一种品牌文化，体现着一个人的文化修养和审美情趣。仪表礼仪方面要求汽车销售顾问的穿着打扮既要符合其身份，又要符合工作规范，以示自己训练有素。

微课视频

5-3 销售顾问个人形象

（一）男士仪表礼仪基本要求

眼镜：挑选适合脸型的镜框，并要保持镜片干净。

西装：男士西装最好是单一色彩，并且无任何图案。穿上西装的效果代表销售顾问当天的状态。标准的西装套装色彩是深色，并应首选蓝色、灰色、棕色、黑色。正装的色彩若为多色、艳色，或带有花哨的图案，则欠妥。男士西装一般为两颗或三颗纽扣，最下面的扣子一般是不系的。

西裤：保持平整干净，长度以盖住鞋面为准。

衬衫：选择素面、纯色的衬衫，颜色最好为白色。领口和袖口应保持清洁，并熨烫平整，确认纽扣无缺，袖口的扣子须系上。

领带：领带的花色、材质和风格应与西装、衬衫相配。

皮鞋：皮鞋要搭配得体，选择正装皮鞋，首选黑色或深色。鞋底保持清洁、不破损，鞋面要擦亮。

公文包：收拾整齐，不要乱放杂物。

腰带：最好和鞋子、服装的颜色一致。

微课视频

5-4 领带的系法

（二）女士仪表礼仪基本要求

西装套装：女士西装套装应合身、熨烫整齐，不宜皱褶，避免穿牛仔布料的西装。

衬衫：保持领口干净，衬衣图案不要太复杂、花哨。衬衫下摆必须掖在裙腰之内。

配件：避免使用过于花哨的配饰，与西装套装搭配协调，可以佩戴精致的小饰品或带有公司标志的配件。

贴身衣服：符合尺寸，保持清洁。衣、裤、裙表面不要有明显内衣切割痕迹。

连裤袜：最好为肤色或者与西装套装协调的颜色。丝袜刮破不能再穿，包里应随时备一双丝袜。

皮鞋：鞋子表面需洁净，款式大方。鞋跟以中跟为好，不宜太高或太细。

化妆：为表示对客户的尊敬，以淡妆为好，不可浓妆艳抹。

指甲：勤修指甲，指甲油颜色最好为透明色，不要太浓艳。

提 示

现在很多销售岗位都要求工作人员必须着制服上班。制服的作用体现在以下几个方面：树立企业形象、易于辨识、形成自我约束、产生集体荣誉感、实现整体划一、表明职位的差异。

三、汽车销售顾问的仪态规范

仪态又称体态，是指人在行为中的身体姿态和风度。仪态比相貌更能表现人的精神和气质，而它往往比语言更真实、更富有魅力。

微课视频

5-5 销售顾问形象礼仪——站姿和坐姿

（一）站姿

站姿是静态的造型动作，是其他动态美的起点和基础，因此良好的站立姿势应给人一种挺拔的感觉。身体歪斜、弯腰驼背或趴伏倚靠等站姿要么姿态不雅，要么缺乏敬人之意，往往会无意之中使本人形象受损，也会影响企业形象。

女士站姿的要求：收腹、挺胸、立腰，目视前方，形成一种端正、挺拔、优美、典雅的气质美；双臂应自然下垂，或者交叠着放在小腹部，如图 5-2 所示。

男士站姿的要求：身体直立，收腹、挺胸、立腰，下颌微收，双目平视；脚跟并拢，脚尖略微分开；双手自然下垂，或交叠放在身前或背于身后，如图 5-3 所示。

总之，良好的站姿应该是自然、轻松、优美的。无论采取何种站姿，只有脚和手的位置在变化，身体一定要保持绝对的挺直。站立时还应该注意面带微笑，使规范的站姿与亲切的微笑相结合。

图 5-2 女士站姿

图 5-3 男士站姿

（二）坐姿

文雅的坐姿，不仅给人以沉着、稳重、冷静的感觉，而且不同的坐姿传达了不同的意义与情感，这也是展现自己气质和风度的重要形式。入座时要轻、稳、缓。走到座位前，转身后轻稳地坐下。如果椅子位置不合适，需要挪动椅子的位置时，应当先把椅子移至欲就座处，再入座。

案例视频

5-6 坐姿的标准

女士的坐姿要求两腿一定要并拢，不可以分开，脚可以放中间，也可以放在侧边，双手则叠放于腿上，如图 5-4 所示。男士坐下来膝盖可以稍微分开些，但不宜超过肩宽。引领客户入座时，销售顾问应站在椅子侧后方向，如图 5-5 所示。

不管男士还是女士，当跷腿的时候，都要注意收紧上面的腿，脚尖下压，绝不能以脚尖指向他人，或上下抖动。

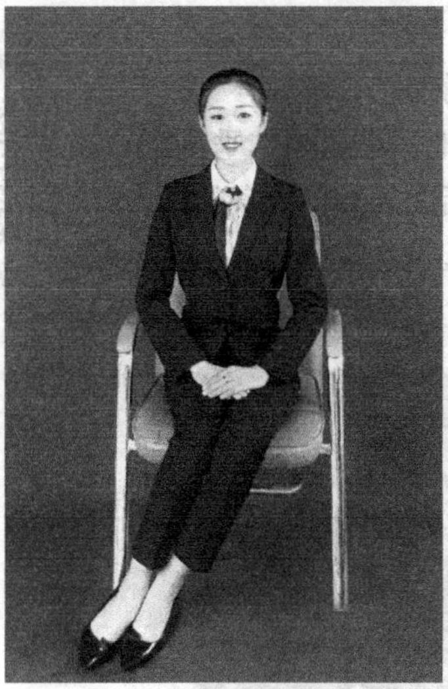

图 5-4 女士坐姿

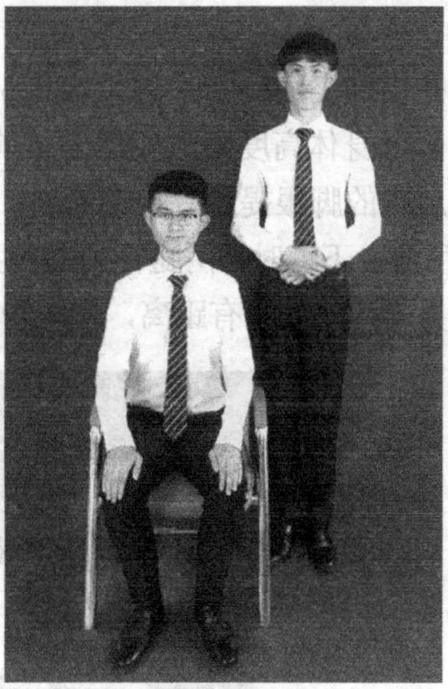

图 5-5 男士坐姿

（三）鞠躬

鞠躬时，双脚并拢，头、颈、背保持在一条直线上，弯腰，如图 5-6 所示。注意先说话，再行礼。根据鞠躬时弯腰的角度，把鞠躬分为三种：15° 鞠躬、30° 鞠躬和 45° 鞠躬。

1. 15° 鞠躬

15° 鞠躬用于客户到店，迎接问候。鞠躬时微微低头，上身向下弯约 15°，目光停留在离自己的脚两米远处。15° 鞠躬也可用于向客户表示感谢关照的时候。口头致谢固然重要，若再加上“点头”鞠躬，更能体现诚意。

微课视频

5-7 销售顾问仪态礼仪——鞠躬和蹲姿

2. 30° 鞠躬

30° 鞠躬可用于与客户送别时，上身倾斜角度约为 30°，眼睛停留在距离身体一米远的位置。30° 鞠躬也可用于客户进出会客室、会议室时向客户打招呼，常用来表示尊敬。

3. 45° 鞠躬

45° 鞠躬一般用于向客户道歉的场景。

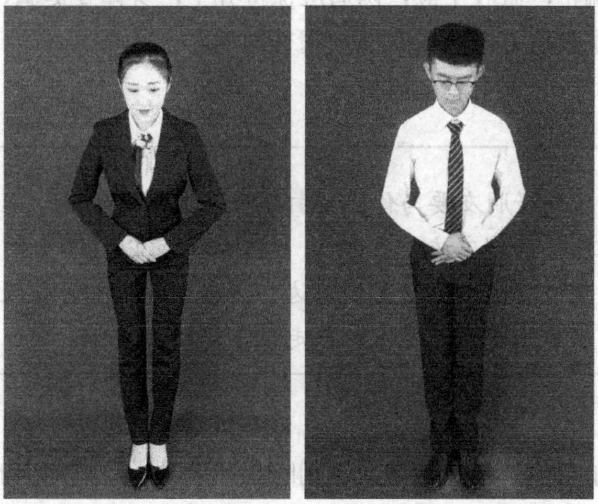

图 5-6 鞠躬

（四）蹲姿

案例视频

5-8 蹲姿的标准

蹲姿是由站姿演化而来的，当人站立时，一脚在前，一脚稍后，两腿弯曲并降低身体高度即形成蹲姿。前脚的全脚掌着地，小腿基本垂直于地面；后脚的脚跟提起，脚掌着地。臀部向下，以后面的脚支撑身体，如图 5-7 所示。下蹲时，两腿合力支撑身体，避免滑倒。女士下蹲时两腿要靠紧，男士两腿间可有距离，但上身依然要保持直立，左右脚可交换。

图 5-7 蹲姿

蹲姿是人们在比较特殊的情况下所采用的一种暂时性的姿态。如要拾取掉在地上的东西，或者拾取低处的物品时。当销售顾问在介绍汽车产品时，如需要给客户介绍汽车位置偏低的部位，比如车前灯、保险杠等，或者当客户坐在驾驶座位上需要调试座椅时，也需采用蹲姿来接待客户。

（五）行姿

案例视频

5-9 行姿与会面礼仪

行姿是一种动态的姿势，也是站姿的一种延续，良好的行姿可以展现人的动态美，能够体现一个人积极向上、朝气蓬勃的精神状态。

要想动作做得舒展而漂亮，首先要掌握好动作要领：走路时，上身应挺直，头部要保持端正，微收下颌，两肩应保持齐平，身体要挺胸、收腹、立腰。双目要平视前方，表情自然，精神饱满。

提 示

如果行路过程中碰到好朋友要与你主动打招呼互致问候时，切不能高声喊叫，以免使路人受到影响。遇见熟人时，应该点头施礼，遇见尊者可以停下来问候，如果遇到久别的故交，寒暄之后想要交谈，应该主动走到路边，不宜在道路中间或人多拥挤的地方说话，更不能将路口堵塞，以免妨碍到其他人的行走或车辆的流通。

（六）握手

握手礼仪一般用于与他人初次相识或送别时。握手时，双方伸手的先后顺序应遵循“尊者居前”的原则，即通常由尊者首先伸手。

握手时，应起身站立，距握手对象一米左右，呈立正姿势，上身略向前倾。以右手单手与人相握，四指并拢，拇指张开，手掌垂直于地面，如图 5-8 所示。虎口相交，用力适度，稍微用力即可，上下晃两三下。神态专注，和善、亲切、自然，面含笑意，目视对方双眼，并且口头道谢或者问候。

微课视频

5-10 销售顾问握手礼仪

图 5-8 握手礼仪

案例

小刘一早到了店内用抹布擦拭展车。看见总经理走进店内，小刘放下湿漉漉的抹布，立即跑过去向总经理问好，并伸出双手握住总经理的手，却看见总经理微蹙眉头，面露不悦之色。小刘的做法有何不妥？

小刘见到总经理，不应主动握手，应等总经理先伸手，再与之相握。握手时遵循的礼仪是尊者先伸手，也就是将是否伸手的权利交给尊者。而且小刘在握手前刚刚放下抹布，双手并不干净，此时与人握手也是不礼貌的。

除了仪容、仪表、仪态的塑造之外，作为一名销售顾问还需要从商务交往、个人素养等多方面不断提升自己的综合素质，塑造合格的职业形象。

【学生活动实训】

1．活动内容

模拟演练汽车销售顾问职业形象准备工作。

2．活动目的

通过实训练习使学生掌握相应技能，帮助学生完成销售顾问形象的塑造。

3．活动步骤

（1）学生以 4 人为一个小组，互相检查个人仪容仪表。

（2）各小组成员通过照镜子的方式矫正自己的仪态。

（3）各小组挑选出表现优秀的小组成员，进行示范展示。

（4）教师进行指导并分析出现的问题，提出改善建议。

4．活动评价

评价项目	是否达到活动目的（40%）	练习表现（40%）	职业素养（20%）
评价标准	① 完全达到 ② 基本达到 ③ 不能达到	① 积极参与 ② 参与主动性一般 ③ 不积极参与	① 大有提升 ② 略有提升 ③ 没有提升
自我评价（20%）			
组内评价（20%）			
组间评价（30%）			
教师评价（30%）			
总得分（100%）			

任务三　潜在客户的开发

【课程导航】

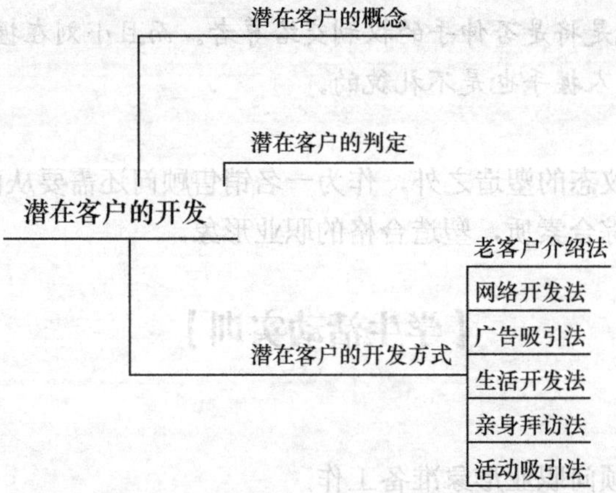

【学习目标】

- 知识目标

了解潜在客户的概念。

掌握潜在客户开发的各种方式。

了解MAN法则的含义。

- 能力目标

能运用潜在客户的开发方式进行潜在客户开发。

能根据MAN法则对潜在客户进行判定。

【任务描述与分析】

任务描述：小刘作为一名刚入职不久的汽车销售顾问，意识到现在行业竞争非常激烈，企业想在竞争中获得一定的市场份额，稳定的客户群是必要的。那么如何吸引客户关注自己的品牌？如何吸引客户来店？来店的众多客户中，有的只是“随便逛逛”，有的却有很明确的购买意向，怎样进行判断呢？

任务分析：潜在客户开发是后面一系列工作的前提和基础。在确定企业市场营销的目标后，就要开发潜在客户，与客户进行有效的沟通，从而才能实现销售。

【相关知识】

一、潜在客户的概念

潜在客户是指对某类产品或服务存在需求，且具备购买能力的待开发的客户，是可能成为现实客户的个人或组织。这类客户或有购买兴趣、购买需求，或有购买欲望、购买能力，但尚未与销售者发生交易关系。

微课视频

5-11 潜在客户开发

在今天的汽车行业里，竞争是非常激烈的，企业的生产、经营和服务能力再强，如果没有足够的客户，企业也是无法生存的。因此，潜在客户开发是销售的前提，也是汽车销售的第一步，是为了开拓市场而与潜在客户建立良好关系的过程。要想在汽车销售领域取得成功，必须认真研究并实际解决潜在客户开发的问题。

二、潜在客户的判定

为了更好地对客户进行评估，寻找合适的潜在客户，我们可以用MAN法则来进行判断。

MAN法则是指Money（金钱）、Authority（决策权）、Need（需要）法则。MAN法则认为，只有同时具备购买能力、购买决策权、购买需求的人，才是真正的潜在客户。因而，开发潜在客户，就要围绕这三个要素进行。

三个要素有以下几种不同的组合（大写字母表示具备该条件，小写字母表示不具备该条件）。

M+A+N：这类客户是有效客户，是最理想的待开发客户。

M+A+n：这类客户可以开发，有熟练销售技术的销售人员开发此类客户成功的希望更大。

M+a+N：这类客户可以开发，应设法找到有决策权的人。

m+A+N：可以对这类客户推荐适用的汽车消费信贷产品，解决其资金问题。但若没有适合的金融产品，也可以长期接触，观察了解其业务状况，等待其经济状况好转。

m+a+N、m+A+n、M+a+n：这三类客户应长期培养观察，使其具备暂缺的条件。

m+a+n：非客户，可以停止接触。

提　示

为了更好地对客户资源进行管理，很多企业建立了科学动态的客户级别管理机制，根据客户购买可能性、购买迫切程度的不同将客户划分为 A、B、C 等若干级别，对不同类别的客户，采取不同的管理方法和不同的营销策略，以便使企业服务资源高效配置。

三、潜在客户的开发方式

（一）老客户介绍法

客户关系管理是非常重要的，如果客户维系得好、客户对企业的服务感到非常满意，很多客户即使购买完成也会愿意和销售顾问成为朋友。当客户满意度达到一定程度后就会形成一定的忠诚度，成为企业的忠诚客户。忠诚客户愿意推荐介绍其他亲朋好友成为新的客户，长此以往，就会有越来越多的“老带新”客户产生。

（二）网络开发法

很多消费者工作忙碌，在决定购车之后，会经常关注网络上的汽车产品信息。无论是生产厂家还是 4S 店，都必须通过互联网服务于客户。企业通过网络发布车型信息和相关广告信息等，可吸引客户浏览，与客户进行网络交流，解答客户的各种疑问，同时可以获得客户信息，邀请客户来店（来电），达到开发客户的目的。

（三）广告吸引法

企业通过各种媒体发布汽车广告（报纸广告、期刊广告、电视广告、网络广告等），进行企业和产品的信息传递，吸引广大消费者的关注，激发消费欲望，从而获得客户。很多广告采用名人效应提高企业与产品的知名度，以获得更多的客户。

（四）生活开发法

工作也是生活的一部分。销售顾问要时刻记住自己的职业，时刻宣传自己的企业和产品，在无形中把工作融入生活。著名的汽车推销大师乔·吉拉德在餐馆就餐付账时，也要把名片夹在账单中。同时要让自己的所有亲朋好友都知道自己的工作和销售的产品，这样当他们或他们的朋友有购车需求时，就会联系你，如此循环，你就有源源不断的客户。

（五）亲身拜访法

销售顾问可以通过各种渠道获得很多潜在客户的联系方式，通过电话拜访或亲自“走出去”拜访的方式获得潜在客户。销售顾问应不断增强自身的沟通技能，大胆主动拜访客户（尤其适用于企业等组织客户），从而获得更多潜在客户。

（六）活动吸引法

企业可参加或组织各种不同规模的车展、新车上市发布会等活动，或各种节日、社会事件（如“中秋节”“双 11”等）的促销活动，吸引潜在客户关注。

【学生活动实训】

1. 活动内容

以小组为单位选取一家 4S 店，通过网络、实地等调研方式，调查该公司客户开发的途径、具体实施情况，以及各种途径开发的客户比例。

2. 活动目的

了解潜在客户开发的各种方法在企业工作中的运用情况。

3. 活动步骤

（1）学生组成小组，利用课余时间收集资料，完成报告。

（2）小组代表发言交流各自小组的报告。

（3）各小组间进行讨论和点评。

（4）教师进行指导并做出分析评价。

4. 活动评价

评价项目	是否达到活动目的（40%）	练习表现（40%）	职业素养（20%）
评价标准	① 完全达到 ② 基本达到 ③ 不能达到	① 积极参与 ② 参与主动性一般 ③ 不积极参与	① 大有提升 ② 略有提升 ③ 没有提升
自我评价（20%）			
组内评价（20%）			
组间评价（30%）			
教师评价（30%）			
总得分（100%）			

任务四　展厅与展车的准备

【课程导航】

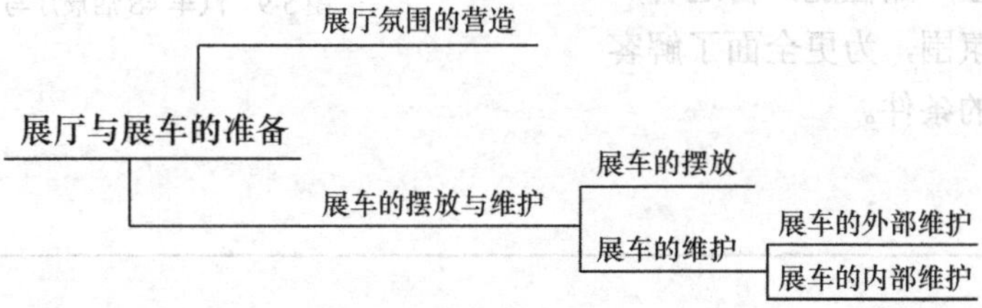

【学习目标】

- 知识目标

了解展厅氛围营造的重要性。

掌握展车的摆放和维护要求。

- 能力目标

能对4S店的展厅和展车进行销售前的准备。

【任务描述与分析】

任务描述：小刘每天的工作都是以展车的清洁开始的，她心里总有消极情绪，不愿意从事这项清洁整理工作。有一天小刘观察到她负责清洁的展车旁有一位客户在驻足赏车，小刘正想走过去为客户介绍时，却看到客户弯下腰摁了摁轮胎，看看手上沾的灰尘，然后摇了摇头，走开了。小刘认识到自己的错误，脸红了。

任务分析：汽车的销售环境对于整个销售工作是非常重要的，一个好的展示环境可以提升客户对展品价值的认识，使客户的注意力集中在价值上，而非价格上。因此，展厅的设施一定要整洁、完好、可用。展车是销售人员进行产品展示的主要工具，要确保展车的完好与整洁，保持展示的最佳状态。

【相关知识】

一、展厅氛围的营造

良好的氛围会使得展厅与众不同，能激发客户的购买欲望。展厅的布置要遵循协调、优雅、轻松、主题鲜明的布置原则。展厅内展车的陈列方式要以赏心悦目、主次分明为核心，如图5-9所示。

图5-9　汽车4S店展厅与展车

展厅环境要注意保持干净整洁，优美的环境会使客户产生愉悦的心情，从而为实现良好的沟通做铺垫。展厅内音响设备可以定期播放产品广告、厂家介绍等影音资料，也可以播放能够使人产生愉悦感的高雅音乐，从而引导客户放松心情，全面关注产品性能，营造客户在店期间的良好氛围，为更全面了解客户需求提供有利的条件。

提　示

为了更好地吸引客户，4S店都会对展厅布局精心设计，除了追求营造销售氛围、有效传递品牌产品信息之外，还要进行展厅区域的合理划分。比如商务洽谈席不能离展车太远，保证客户能看见展车。经理和主管的办公区域应该在后台，但视线必须开阔，能随时掌握展厅里的动向，及时处理突发事件。

二、展车的摆放与维护

（一）展车的摆放

（1）展车的摆放数量及具体摆放的位置应该以厂家的展厅设计图纸要求为准，尽可能款式齐全。

（2）在展示时要考虑到展车的颜色搭配，尽量选择最能代表某款车型特质的颜色，车型之间颜色尽量搭配丰富。

（3）店内的主展台位置上建议摆放厂家主推车型、畅销车型，可以起到很好的宣传效果。

（4）尽量摆放展示车型的最高配置，方便客户对车辆各种功能的了解和选择。

微课视频

5-12 展厅与展车的准备

（5）建议展厅内摆放已装配汽车装饰的车型供客户参观选择，便于汽车装饰配件的销售。

（6）展厅内不允许有其他品牌的车型、装饰和宣传物品等。

（二）展车的维护

1. 展车的外部维护

（1）展车要除去新车的保护膜。

（2）展车的车体表面应该做到“近看无灰尘，远看无手印”。

（3）展车的轮胎表面应没有灰尘，并且轮胎要保持光亮。

（4）展车的门锁和行李箱盖应保持解锁状态，主要是方便客户参观。

（5）展车的前车窗建议完全放下，配备天窗的车型应打开遮阳内饰板，且可斜开天窗。

（6）展车的轮毂品牌标志应该调整到正确方位。

（7）展车的前后牌照位置应放置注明车辆型号的车牌，并在展车旁边位置放置带有展车配置表的配置架。

（8）展车要保证蓄电池（也称电瓶）有电，能够让客户随时参观车辆的电气设备。

2. 展车的内部维护

（1）展车内部应除去新车座椅保护套，使用品牌厂家统一指定的展车脚垫。

（2）展车内部禁止吸烟。

（3）展车内部的时钟要调到北京时间，收音机调到最清晰的频道，音响的音量要适中。

（4）转向盘的位置应按照长度调整至最接近仪表板处，高度调整到最高位置上。

（5）展车的前排座椅靠背建议调整到与B柱平行的位置，座椅的高度调整至最低的水平位置为好。

（6）展车中除了装潢之外不能有其他附加物。

（7）展车随车附件要齐全，如备胎、随车工具、说明书、天线、点烟器和烟灰缸等，且需要安装到位。

【学生活动实训】

1. 活动内容

各小组成员需参观至少两家 4S 店，对展厅内氛围的营造、展车的摆放和清洁情况进行考察，写出分析报告。

2．活动目的

通过实地考察使学生充分掌握展厅与展车的准备要求，并能解决企业展厅与展车准备工作中存在的问题。

3．活动步骤

（1）学生形成小组，利用课余时间参观4S店，观察展厅与展车，完成分析报告。

（2）小组代表发言交流各自小组报告。

（3）各小组间进行讨论和点评。

（4）教师进行指导并做出分析评价。

4．活动评价

评价项目	是否达到活动目的（40%）	练习表现（40%）	职业素养（20%）
评价标准	① 完全达到 ② 基本达到 ③ 不能达到	① 积极参与 ② 参与主动性一般 ③ 不积极参与	① 大有提升 ② 略有提升 ③ 没有提升
自我评价（20%）			
组内评价（20%）			
组间评价（30%）			
教师评价（30%）			
总得分（100%）			

满满正能量

劳动最光荣

我们中国从一穷二白的农业国跃升为世界经济发展的强引擎，靠的正是所有劳动者们立足本职做贡献。

新时代是奋斗者的时代。今天的我们，每个人都能通过辛勤劳动与不懈奋斗，让梦想成真。三百六十行，行行出状元。各行各业的劳动者，都在用爱岗敬业、甘于奉献、精益求精的奋斗精神和工匠精神，迈着追梦的脚步前进。让我们也加入劳动者、奋斗者的大军，用汗水浇灌中国梦，用辛勤劳动收获时代的礼赞。

项目六 沟通和推介

本项目主要介绍汽车销售中销售顾问如何进行“沟通和推介”，即客户来店之后如何进行有效的沟通、了解客户对产品的需求、推荐和介绍（静态和动态）产品，以及对在沟通过程中客户提出的异议进行有效处理。

|任务一　展厅接待|

【课程导航】

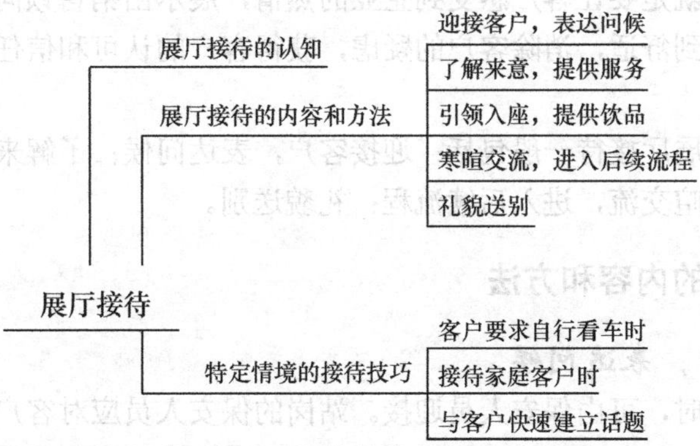

【学习目标】

- 知识目标

掌握展厅接待的内容和方法。

掌握特定情境的展厅接待技巧。

- 能力目标

能完成客户接待工作，提高展厅接待的服务标准，为客户提供温馨的服务。

【任务描述与分析】

任务描述：汽车销售顾问小刘经过一段时间的学习，正式走上了汽车销售岗位。但是整整一个上午，他只接待了一位客户，客户只是草草地和他说了几句话，就离开了。而其他销售顾问却能与客户谈得很好。

任务分析：很多客户在进入汽车展厅时，都抱有很强的防范心理，担心受到购买“压力”。销售顾问接待客户时，要尽快使客户消除心理顾虑，并有被尊重和轻松的感觉。销售顾问要展示出自己的职业素养，获得客户的认可和信任，从而顺利地进入到下面的销售环节。

【相关知识】

一、展厅接待的认知

目前，购车仍是非常大的一笔开销，所以大多数客户来到汽车4S店都希望得到尊重，受到热情亲切、轻松自然的接待，而不希望感到过分的购买“压力”。

微课视频

6-1　客户接待流程

客户来店有愉快的体验，这会最大限度地消除客户的疑虑，虽然不能保证一定马上将汽车销售出去，但是可以为后面销售流程的顺利进行打下良好的基础。展厅接待是销售顾问和客户第一次见面的交流过程，所以要抓住机会给客户留下一个尽可能完美的第一印象。

展厅接待的目的就是要让客户感受到企业的热情，展示出销售顾问的职业素养，使客户感到舒适，消除客户的疑虑，获得客户的认可和信任，建立起客户的购买信心。

在销售流程中，展厅接待一般包括：迎接客户，表达问候；了解来意，提供服务；引领入座，提供饮品；寒暄交流，进入后续流程；礼貌送别。

二、展厅接待的内容和方法

（一）迎接客户，表达问候

当客户接近展厅时，可由保安人员迎接。站岗的保安人员应对客户敬礼致意，欢迎客户的到来；保安人员通知展厅内的前台接待或销售顾问准备迎接客户到来（一般的4S店都选择用对讲机来通知）；保安人员以标准动作指引客户去展厅；如果客户是开车来店的，保安人员应主动引导客户进入客户停车位。

销售顾问出门迎接客户时的做法：若客户来店时正赶上雨雪天或炎热天气，销售顾问应主动拿伞出门迎接；若客户开车前来，销售顾问应帮助客户打开车门，用标准礼貌用语“您好，欢迎光临”进行问候，并使用标准的引领手势引领客户进入展厅。

若客户自行进入展厅，前台接待和销售顾问应点头、微笑、主动问候，使用标准用语“您好，欢迎光临”。

（二）了解来意，提供服务

销售顾问应主动询问客户是否是第一次来店，是否有预约。例句如下。

“请问您是来看车还是办理其他业务？”

“请问您是第一次来店吗？我有什么可以帮助您的？”

“请问您有预约吗？”

如果不是第一次来店或是有预约，则通知之前的销售顾问或是预约过的销售顾问接待客户。例句如下。

“请您稍等一下，××马上就来。”

如果是第一次来店或是没有预约，则销售顾问正常接待客户。为客户提供服务之前，应先进行自我介绍，呈递名片并询问客户姓名。例句如下。

“您好，欢迎光临××汽车专营店，我是销售顾问××，这是我的名片。请问您怎么称呼？”

（三）引领入座，提供饮品

征得客户同意后，使用标准的引领手势，引领客户到休息区，帮客户拉开椅子请客户入座，客户入座的方位应是面向展车的位置。

等客户坐好后，可以询问客户是否可以坐在其旁边，待客户允许后坐下，并保持合适的距离，不可以比客户先坐下。例句如下。

“张先生，为了更好地为您服务，可否坐在您的旁边？”

礼貌告知客户店内提供的饮品，询问客户对饮品的需求，奉上相应饮品。例句如下。

“我们店提供免费的茶水、咖啡和果汁，您喜欢喝哪一种？”

“请您看看我们的车型资料，我去给您倒茶水。”

“先生，您的茶，请慢用！”

> 案例视频
>
> 6-2　如何激发进展厅客户的谈话兴趣——FROM 法则

（四）寒暄交流，进入后续流程

汽车销售顾问应主动与客户寒暄，通过适当的寒暄增加客户的认可度和好感，引导客户顺利进入下一步的需求分析环节。寒暄过程中要寻找机会在适当时机请客户留下联系方式。例句如下。

“今天天气挺热的，您是怎么过来的？”

“真高兴您到我们展厅看车，也给我这个机会与您聊聊。请您给我几分钟时间，谈谈您对汽车的需求与要求，也让我有机会给您介绍这些车型，您看行吗？”

交流过程中注意商务礼仪的运用。不要一边谈话，一边做其他事情。要面带微笑，注视对方的眼睛，尽量以倾听为主，表示赞同时可点头示意，用适合客户的语音、语调交谈，认真回应客户提出的问题，适当地恭维，不轻易打断客户谈话。

接待客户时应保持适当的距离，一般与比较熟悉的客户保持的距离是 70～80 厘米，和不太熟悉的客户保持的距离是 100～120 厘米。

（五）礼貌送别

如客户要求离开展厅，销售顾问应适当挽留客户。但客户确实要离开时，销售顾问要放下手头工作送别客户。

销售顾问要赠送客户车型配置单、报价单等，同时，将名片附在配置单上赠予客户，还要提醒客户带好随身携带物品。送别客户到展厅门外，并目送客户离开直至视线范围外。例句如下。

"有什么问题，请您随时给我打电话。"

"买不买车没有关系，能认识您我很高兴。"

"认识您非常荣幸，感谢您的光临，希望我们能保持联系，再见。"

"请您慢走，多谢惠顾，欢迎下次再来。"

提 示

其实客户接待的环节和方法并没有特定的限制，只要能让来店客户感受到礼貌、亲切、友好，能体现销售顾问个人的专业素养，消除客户进店前的购买压力，建立对本企业的信任，就是成功的。

三、特定情境的接待技巧

（一）客户要求自行看车时

当客户表示要自行看车或者随便看看时，应尊重客户意愿，并与客户保持适当距离。来到展厅的客户一般在进店之前都是带着疑虑和怀疑的，或者可以说是带着一种不信任的情绪进店的，所以销售顾问不应让客户感到压力，应与客户保持让其感觉舒适的距离，并说明自己的服务意愿和等候服务的位置。例句如下。

"好的，如有需要，请随时叫我，我就在那边。"

但是当客户开始自行操作，或在展车某方位有停留，或一直看车辆的某个配置，或和同伴交流车辆，或表现出想提问时，销售顾问应主动上前询问客户是否需要帮助。例句如下。

动画

6-3 与客户沟通的技巧

"您好，先生/女士，有什么我可以帮您的吗？"

"您真有眼光，这款车是我们店最新/最畅销的车型……"

（二）接待家庭客户时

汽车消费群体以中青年为主，很大一部分客户刚好处于"上有老、下有小"的年龄阶段。因此，这类客户在选车、购车时经常是带上父母和妻儿一家齐上阵。这种情况下，销售顾问一定要注意关注其他家庭成员的感受。

敬老是中华民族的传统美德，老人心情愉悦了，全家都会随之活跃起来。而孩子是家中的宝贝，如果销售顾问能够与孩子相处融洽，准客户自然会看在眼里，喜在心里。因此，"一老一小"路线是非常值得尝试的一种获取好感、建立关系的绝妙方法。

与老人打交道时可以赞美老人的家庭关系，如父慈子孝、儿孙有为、家境丰足等，可以夸赞老人的身体状况，如夸赞其健康和年轻。接待带孩子的客户时，要注意如果孩子哭闹，家长即使对车辆非常感兴趣，看车的热情与兴趣也会打消很多。因此，汽车销售顾问首先要做的就是安抚小孩，给孩子赠送礼品或糖果，与孩子做一些简单的活动或互动等，让客户可以专心、安心地看车。

案例视频

6-4 接近客户的技巧

（三）与客户快速建立话题

有时客户进入展厅一言不发、毫无表情，只是随意看车。销售人员无法与客户沟通，无法了解客户的真实想法，也就无法有效地推进销售流程。一名优秀的汽车销售顾问不仅要能引起话题，还要有能在客户反应冷淡时打破僵局、化解尴尬的救场能力。

“物以类聚，人以群分”，从心理上来说，客户往往喜欢与自己相似或者有某些共同点的销售顾问交流，也就是说，当客户与汽车销售顾问有一定“交集”的时候，双方很容易找到共同话题，也更容易建立起基本的信任关系。因此，汽车销售顾问要通过观察和巧妙地询问来发现及挖掘与客户的共同点，并利用这种共同之处来接近客户。下面列举两种比较常用的“套近乎”的方法。

1. 认老乡

“美不美，乡中水；亲不亲，故乡人”，大部分客户都是有乡土情结的，而语言、语调又非常容易显露他们是什么地方的人，因此认老乡是最常用的一种方法。使用这种方法有两种情况：一种是汽车销售顾问与客户确实是同乡，那么认老乡也是理所当然的；另一种情况是汽车销售顾问能够听出客户是哪里人，但并不是老乡，即便如此，也可以巧妙地拉近关系。例句如下。

汽车销售顾问：“听口音，您是东北人啊。”

客户：“是啊，我是X市的。”

汽车销售顾问：“家乡话听着就是亲切呀！我是Y市的，与X市只有两个多小时的车程呢。老乡碰老乡不容易，其他忙我帮不上，但我做汽车销售五年了，没有我不熟悉的车，您想看什么样的，我给您好好介绍一下……”

2. 聊喜好

各人有各人的喜好，而这种喜好经常会体现于人们的衣着穿戴、言谈举止之中。汽车销售顾问如果能细心观察，挖掘出客户的喜好与习惯，也能顺利地拉近彼此的关系。例句如下。

汽车销售顾问：“先生我看您的衣服上印着登山协会的标志，您不会也是个登山爱好者吧？我去年参加过这个协会的几次活动，感觉非常棒……”

3. 谈热点

有购车实力的客户一般都有一定的知识和阅历，很有可能对时下热点问题有某些认识和见解。汽车销售顾问可以引导客户一起探讨此类问题，并巧妙迎合客户的想法，这也是拉近距离的一种方式。例句如下。

汽车销售顾问：“先生，最近A公司召回了B系列的车型，您听说了吗？”

客户：“这个我听说了，我有个朋友的车就是B系列的。现在花上十几万、几十万却难以买到放心车，不像话……”

【学生活动实训】

1. 活动内容

模拟演练汽车展厅接待工作。

2. 活动目的

掌握销售顾问在展厅内进行客户接待工作的流程、方法和技巧。

3．活动步骤

（1）学生以两人为一个小组，分别扮演客户张先生和销售顾问小刘。

（2）销售顾问小刘按规范的流程对客户张先生进行展厅接待。

（3）角色轮换，确保学生得到全方位的训练。

（4）教师进行指导并做出分析评价。

4．活动评价

评价项目	是否达到活动目的（40%）	练习表现（40%）	职业素养（20%）
评价标准	① 完全达到 ② 基本达到 ③ 不能达到	① 积极参与 ② 参与主动性一般 ③ 不积极参与	① 大有提升 ② 略有提升 ③ 没有提升
自我评价（20%）			
组内评价（20%）			
组间评价（30%）			
教师评价（30%）			
总得分（100%）			

任务二　需求分析

【课程导航】

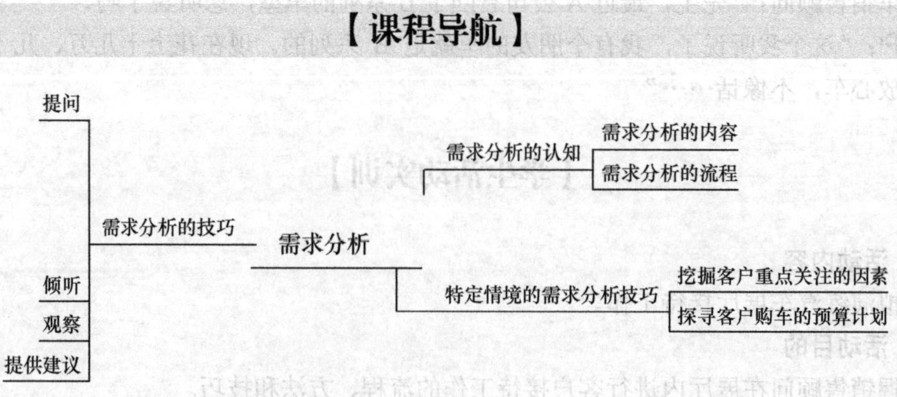

【学习目标】

- 知识目标

了解进行需求分析的原因。

掌握客户需求分析的内容。

掌握客户需求分析的技巧。

- 能力目标

能运用相应的方法技巧，完成客户需求分析工作。

【任务描述与分析】

任务描述：小刘刚任职汽车销售顾问，终于得到了和客户接触的机会。当客户向她提出购车咨询时，她总是把自己心目中最新、最好的车介绍给客户，可是很多客户好像并不是很感兴趣。她观察到，有经验的销售顾问会先和客户沟通，了解客户的需求，然后才推荐产品，这样客户的接受程度要高很多。

任务分析：客户的需求是多种多样的，汽车销售顾问一定要掌握需求分析的方法和技巧，了解客户对车辆的真实需求，才能提供让客户真正满意的产品。

【相关知识】

一、需求分析的认知

客户的需求就如同水面上的一座冰山，水面上的是客户自己了解的并愿意表达出来的需求，水面下的是客户不愿意轻易表达的真实的原因、理由、情况等，或客户自己都没有意识到的需求，如图 6-1 所示。我们通常称前者为显性需求，后者为隐性需求。对于前者，销售顾问需要引导客户表达出来；对于后者，销售顾问则需要与客户共同挖掘。

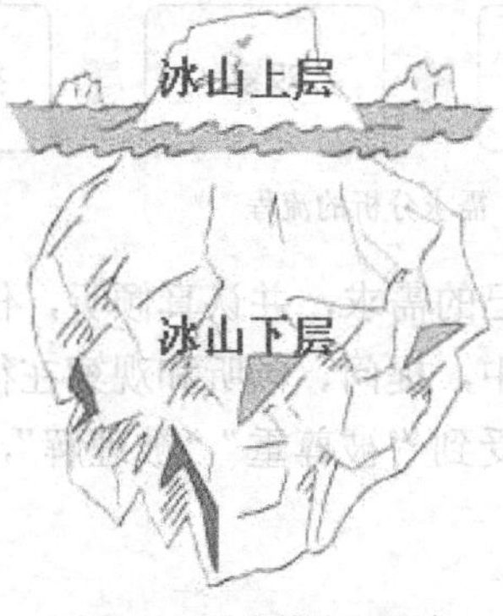

图 6-1　需求的冰山理论

微课视频

6-5　需求分析的流程

汽车销售顾问需要对客户的需求进行分析，帮助客户表达需求，只有尽可能广泛、准确地了解和判断客户对产品、服务、价格等方面的需求，才能有针对性地提出合理的、易于让客户认可和接受的销售方案。

（一）需求分析的内容

销售顾问在需求分析过程中，要了解以下内容。

（1）了解客户的姓名；

（2）了解客户的家庭情况和职业、兴趣、爱好等；

（3）了解客户的购车用途和购车目的；

（4）了解客户最重视的汽车性能；

（5）了解客户对车型、颜色、配置的要求；

（6）了解客户的购车预算；

（7）了解客户的预计购车时间、购车数量等；

（8）了解客户对本公司感兴趣的车型以及了解程度；

（9）了解客户的对比车型；

（10）了解客户是否有在用车型，如有，询问其目前所拥有的车型品牌、年行驶里程；

（11）了解客户的购买能力、付款方式、是否贷款；

（12）了解客户是否需要保险、装饰、置换等附加服务。

这些问题并不是要在需求分析时一次性提出来的，而是要根据与客户的交流情况，在沟通过程中穿插提问，逐渐了解和掌握客户的需求信息，有时甚至贯穿于整个销售过程中。

提 示

很多情况下，企业将客户需求分析的内容简化为 5W2H，即：Why（为什么买车）、What（需要什么样的车辆性能）、Who（新车谁来开）、Where（主要在什么样的道路上行驶）、When（计划什么时候买车）、How much（购车预算）、How to pay（付款方式）。

（二）需求分析的流程

需求分析的流程如图 6-2 所示。

图 6-2 需求分析的流程

销售顾问通过提问，引导客户说出自己的需求，并认真倾听，仔细观察，然后向客户推荐合适的汽车产品。其实在需求分析过程中，提问、倾听和观察在很多情况下是同时进行的。销售顾问应使客户感受到“被尊重”“被理解”，使客户愿意充分表达自己的需求。

微课视频

6-6 需求分析中提问的技巧

二、需求分析的技巧

（一）提问

挖掘客户需求最有效的方式就是提问。销售顾问通过提问可以获得很多信息，例如客户的个人和家庭情况，是否了解本品牌产品，对未来新车有什么要求等。

1. 提问的方式

汽车销售顾问在汽车销售过程中常用的提问方式有以下两种。

（1）开放式提问

开放式提问是指提问者提出一个问题后，回答者围绕这个问题告诉提问者许多信息，不能简单地以“是”或者“不是”来回答提问者的问题。

汽车销售顾问要想从客户那里获得较多的信息，就需要采用开放式问法，使客户对问题有所思考，然后透露相关的信息。例如，“您购车的主要用途是什么？”“您比较看重车辆哪些方面的性能？”。

开放式提问有利于客户认真思考需要回答的问题，说出自己的看法和建议，透露一些有价值的信息，有利于销售顾问更好地进行销售工作。

（2）封闭式提问

封闭式提问是指仅需要回答“是”或者“不是”，就能使提问者了解回答者的想法。例如，“您喜欢这个车型吗？”“我们现在可以签订单吗？”。

如果提出的问题使客户以“是”或者“不是”来回答，就可以将谈话的主题控制在与产品有关的范围内，避免把话题扯远。因此销售顾问可以用封闭式提问来控制谈话的主动权。有时为了节约时间，引导客户做出决定，促成交易，也可以采用封闭式提问。

（3）提问方式的选择

开放式提问与封闭式提问得到的回答是截然不同的。封闭式提问的回答很简单，一般用来确认客户需求；而开放式提问的回答所包含的信息量多，回答也常常出乎提问者的意料，通常用来掌握更多的信息。具体选择哪一种问法，销售顾问要根据交谈时的实际情况而定。

一般说来，销售顾问提问应采用封闭式和开放式相结合的方法。采用封闭式提问的销售顾问虽然掌握了谈话的主动权，但是难以从客户那里得到太多其他的信息。销售顾问可以通过开放式提问了解客户的需求以及他的兴趣，穿插采用封闭式提问获得直接的答案或确认客户的答案，提高工作效率。

2. 提问的技巧

销售顾问在了解客户需求的过程中，需要多次提问。因此，掌握好提问的技巧，可以更快、更准确地发现客户的真正需求，从而促成交易。怎样提问才能获得更多、更准确的信息呢？这需要销售顾问掌握以下几种提问的技巧。

（1）直接询问

现场气氛轻松、融洽，或者双方之间有一定的好感和信任度时，可以直接询问客户。例句如下。

汽车销售顾问：“您是从事什么工作的呢？”“您有几年的驾龄了？”

（2）旁敲侧击

当销售顾问对所了解的问题有一定把握时，可以旁敲侧击地试探性询问。例句如下。

汽车销售顾问：“您应该不是第一次购车吧？”

（3）提前声明

预先主动告知客户要询问的内容以及这些信息的意义与用途，尽量取得客户的配合。例句如下。

汽车销售顾问：“张先生，为了节省您宝贵的时间，给您推荐合适的车型，我想向您请教两个问题，您看可以吗？”

（4）顺势提问

顺着客户主动提起的话题询问，这样既不显得唐突，又会让客户觉得销售人员机敏灵巧。例句如下。

汽车销售顾问：“张先生，您可以坐在驾驶席上，试试看感觉如何……看您操作这么熟练，您至少有两三年的驾驶经验了吧？”（顺势提问，不着痕迹地赞美。）

客户：“呵呵，没有啦，我去年才拿到驾照，周末的时候经常会开我朋友的车出去玩玩。”

（5）赞美缓冲

真诚的赞美是最好的开门钥匙，客户在被赞美的愉悦感中很容易放松警惕，因此在提问之前不妨赞美客户一番，一定会起到有效的缓冲作用。例句如下。

汽车销售顾问：“张先生，您是不是A医院的医师啊？”（旁敲侧击提问。）

客户：“不是啊，怎么啦？”

汽车销售顾问：“哦，很抱歉，昨天我一个老客户打电话给我，说他的一位医师朋友今天要来我们展厅看看车，我看您这么亲和，而且穿戴非常整洁、有品位，我以为您就是那位医师朋友呢！”（客户难以抗拒的赞美。）

客户：“哦，不是，我是搞建筑设计的。”

（6）隐私交换

在一些共通性话题上，可以先介绍自己的信息，引起客户的兴趣与共鸣，从而让对方主动透露信息。例句如下。

汽车销售顾问：“我断断续续也开了三年的车了，可是看您操作这车比我还熟练，您至少也有五六年驾龄了吧？”

客户：“没有啦，我一年前才拿到驾照呢。”

（二）倾听

1. 倾听的作用

在做需求分析时，只提问或是一再提问会引起客户的反感，积极的倾听也是很重要的，既能从客户的叙述中获取想要得到的完备的信息，也能和客户有一个很好的沟通，拉近与客户的关系。

2. 倾听的技巧

在现实工作中，有的销售顾问只注重提问，不重视倾听，在客户说话时心不在焉，假装在听。这样做不仅是不尊重客户的表现，而且不能全面地收集信息，后面提供的购买建议就不能打动客户。所以为了更好地促进与客户的沟通，销售顾问要做一个良好的倾听者，需要掌握以下几点倾听技巧。

（1）目光正视，态度诚恳

销售顾问的目光要正视对方，保持良好的心情，仔细倾听对方谈话内容。销售顾问不能东张西望、心猿意马，不要做小动作，如压手指节、搔后脑勺、理头发等，这样既不礼貌，又容易损伤对方的自尊心。

（2）不轻易打断对方谈话

在客户讨论某个问题或叙述某件事时，不要轻易打断其谈话，等客户说完后再提问或发表自己的见解。如果中间必须打断时，应预先打招呼，说声“对不起，我插一句”，之后请别人继续说。

（3）认真记录，适时确认

在专注聆听的同时，认真记录客户谈话的重点内容，适时地向客户确认自己对客户表达内容的理解是否正确，既是对信息的确认，也能通过真挚专注的态度激发客户讲出内心更多的想法。

（4）正确理解客户谈话

客户有时候有些话不会明说，而是会暗示销售顾问，比如在谈价格时，客户为了获得优惠而对车辆产品性能、质量等方面提出异议，销售顾问应真正理解谈话的内容，正确和全面地理解客户的言外之意。

（三）观察

销售顾问应注意观察并尽可能多地了解客户，包括他们的话语问题、行为动作、非言语交流等。

观察的重点主要在以下几个方面。

衣着：一定程度上反映客户的经济能力、职业、喜好、选购品位。

姿态：可传达客户的购车态度、兴趣点。

表情：可反映客户的情绪、内心想法、选购迫切程度。

行为：可传达客户的购车意向、兴趣点、喜好。

随行人员：其与客户的关系决定其对购买行为的影响力。

（四）提供建议

销售顾问通过对客户的提问、倾听和观察，对客户有了一定的了解，此时可以把客户的需求情况罗列出来，按照重要性进行排序，确定客户的关键需求，及时调整销售策略，引导客户根据关键需求发现最适合的车型并进行推荐。

三、特定情境的需求分析技巧

（一）挖掘客户重点关注的因素

客户在选车时，对于自己应该重点关注哪些因素，有的已经有了清晰的认识，有的只有模糊的认识，有的还是一无所知。因此，销售顾问不仅要帮助客户理清自身已经意识到的需求，更要引导客户去认识尚未意识到的需求。在向客户提出此类问题时要注意：提的问题是否有意义、该问题是否易于客户回答。要避免提出过于宽泛、空洞的问题，让客户茫然，不知如何回答，例如：“您要选什么样的车？”“您希望了解什么呢？”

案例视频

6-7 挖掘客户重点关注的因素

销售顾问可以通过与客户交流，发现和判断客户的需求，用封闭式提问请客户做出选择，使问题明确和易于回答。例如：“刚才您说买车主要是为了接送孩子，想必应该很看重车辆的安全性吧。”

（二）探寻客户购车的预算

客户的经济能力和购买预算是销售顾问必须掌握的一项关键信息。客户对一款车的兴趣再浓厚，如果支付能力达不到，也难以达成交易。然而，价格和预算属于较为敏感的问题，很多客户不愿意轻易透露自己的预算和实际支付能力，担心受到轻视或在后期的价格谈判中丧失主动。因此销售顾问要了解客户的预算信息，应化解客户的顾虑，推心置腹地交流，使对方意识到，只有明确了预算，才能节约时间，尽快找到理想的车型。

案例视频

6-8 推心置腹法探询客户购车的预算

【学生活动实训】

1．活动内容

模拟演练销售顾问对客户进行需求分析的过程。

2．活动目的

掌握需求分析的流程、方法和技巧。

3．活动步骤

（1）学生以两人为一个小组，分别扮演客户张先生和销售顾问小刘。

（2）自拟话术，模拟演示销售顾问小刘对客户张先生进行需求分析的过程。

（3）列表展示销售顾问通过需求分析得到的客户信息。

（4）角色轮换，确保学生得到全方位的训练。

（5）教师进行指导并做出分析评价。

4．活动评价

评价项目	是否达到活动目的（40%）	练习表现（40%）	职业素养（20%）
评价标准	① 完全达到 ② 基本达到 ③ 不能达到	① 积极参与 ② 参与主动性一般 ③ 不积极参与	① 大有提升 ② 略有提升 ③ 没有提升
自我评价（20%）			
组内评价（20%）			
组间评价（30%）			
教师评价（30%）			
总得分（100%）			

任务三 车辆介绍

【课程导航】

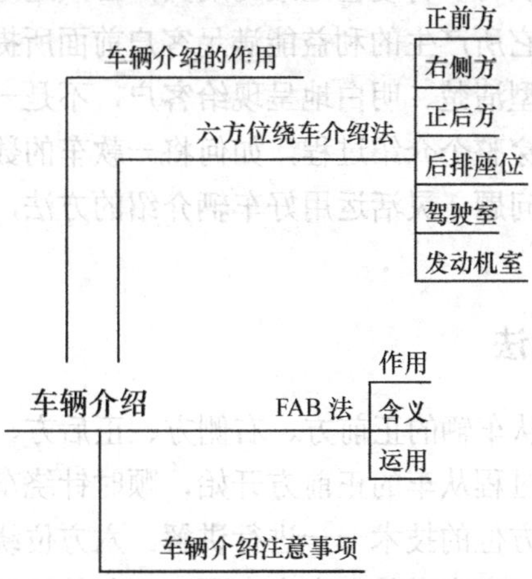

【学习目标】

- 知识目标

掌握六方位绕车介绍法的各个方位及每方位介绍的重点内容。

了解 FAB 法的含义。

- 能力目标

能用六方位绕车介绍法和 FAB 法对客户进行车辆介绍。

【任务描述与分析】

任务描述：小刘在为客户进行产品介绍时，总是被客户“牵着鼻子走”。客户问起前照灯，他就引领客户到车前介绍前照灯，客户问起行李箱，就又忙不迭转到车尾介绍，这样忙前忙后，不仅客户觉得毫无条理，自己有时候也犯糊涂了。

任务分析：在明确了解客户的购买需求之后，就应该以客户的需求为中心，在客户的预算范围内推荐合适的车型。但是客户能否对车辆认可和喜爱，很大程度上取决于产品介绍的成功与否。成功的产品介绍并不是把产品所有性能全部罗列给客户，而是能够结合客户需求，有条理、有重点地，用客户能听懂的语言将客户最关心的产品性能讲解出来。这就要用到多种产品介绍的方法。

【相关知识】

一、车辆介绍的作用

销售顾问在对客户的需求有了一定的了解之后，就可以为客户推荐适合的车型产品。但若想让客户对所推荐的车辆认可、喜爱甚至最终购买，必须通过完美的产品介绍让客户了解产品（车辆）的性能，以及它所产生的利益能满足客户前面所提到的需求。

要将一款构造复杂的车型清楚、明白地呈现给客户，不是一件容易的事。从哪里入手介绍、以一条什么样的线索贯穿整个介绍过程，如何将一款车的数十条卖点有序地展现出来，都是在车辆介绍时要注意的问题。灵活运用好车辆介绍的方法，就可以有条理、有重点地将主要卖点呈献给客户。

二、六方位绕车介绍法

六方位绕车介绍法是指从车辆的正前方、右侧方、正后方、后排座位、驾驶室与发动机室六个方位环绕介绍。介绍过程从车的正前方开始，顺时针绕车一周，至发动机室结束，将车辆每个方位的技术一一进行讲解。六方位绕车介绍法顺序明确，条理清晰，有助于客户对整车有个全面、深入的认识和了解，并且更容易、有条理地记住所介绍的内容。

微课视频

6-9 六方位绕车介绍法

随着技术的进步，有的公司会在六方位的基础上增加车辆侧前方 45° 方位的介绍，即六方位绕车介绍法有时也升级为“6+1”方位介绍法，如图 6-3 所示。本书仍采用六方位绕车介绍法进行讲解，将车辆侧前方 45° 划归为车辆正前方的介绍内容，如表 6-1 所示。

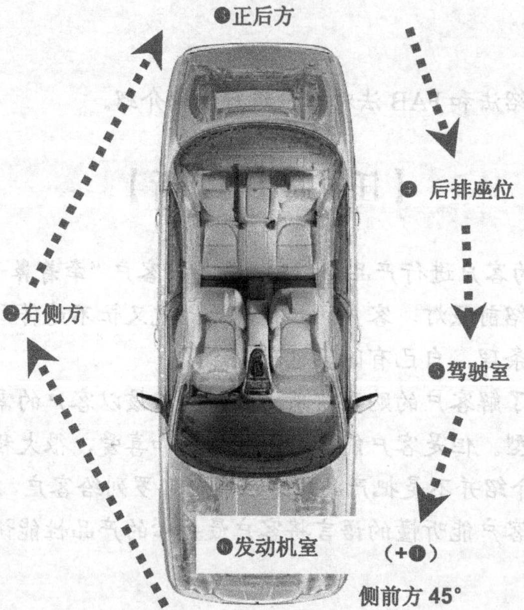

图 6-3 “6+1”方位绕车介绍法

表 6-1　　六方位绕车介绍法介绍重点

方位		介绍重点
正前方		整体造型与设计风格（侧前 45°），品牌标志、车辆前部设计、前车灯、前进气格栅、前方碰撞吸能区等
右侧方		侧方造型设计、车身结构、车身材质、车门、外后视镜、制动系统、悬架系统、轮胎、轮毂等
正后方		尾部设计、车尾灯、行李箱（开启方式、开口角度、容积）等
后排座位		车辆进入特性、后排空间、设备调控（音响、空调等）、儿童安全性等
驾驶室	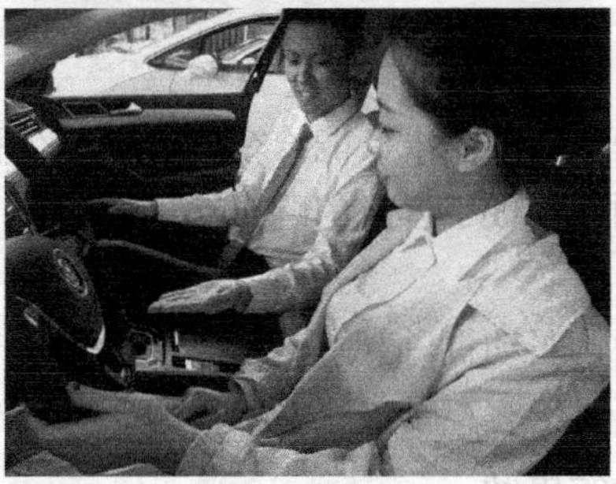	座椅调控、转向盘、驾驶视野、腿部空间、踏板技术、仪表板、音响空调、安全带、安全气囊、换挡杆、驻车制动技术等

续表

方位		介绍重点
发动机室		发动机舱盖开启方式、整体布局、发动机技术（形式、排量、功率、扭矩）、变速器技术，整体动力表现、油耗、环保设计等

在六方位绕车介绍法中，每个方位介绍哪些内容主要由在该方位客户能看到、摸到、体验到哪些车辆技术所决定（见表 6-1）。但是有些车辆性能在静态展示时难以体验（如车辆的动力表现），这时可以借机邀请客户预约进行试乘试驾体验。

六方位绕车介绍法需要 30 分钟甚至更长的时间才能对车辆进行完整介绍，因此销售顾问可以根据客户的情况及所售车型进行灵活运用，如果客户对某个方位特别感兴趣，可以重点介绍该方位。

三、FAB 法

（一）FAB 法的作用

客户之所以在购买产品时犹豫不决，往往是对产品的属性和优势还不是特别明确，还不知道产品对自己有什么好处。

FAB 法是介绍产品的一种简单、有效的方法，它在客户的需求和产品的卖点之间架起一座桥梁，将产品介绍的重点放在客户的利益上，更加贴合客户的需求，更加容易打动客户。

微课视频

6-10 FAB 法

（二）FAB 法的含义

1. 属性（Feature）

属性是指产品本身所包含的客观特性或卖点，如材料、外观等，是有形的，可以看到、尝到、摸到或闻到的。在汽车营销中，我们通常指汽车产品所具有的某种配置或技术。

2. 作用（Advantage）

Advantage 可译为“优势”“长处”等，但是在汽车营销活动中我们通常把 Advantage 翻译成“作用”。它是根据汽车的性能总结出来的功能，解释了产品的卖点，能够完成哪些工作，起到什么作用。

3. 利益（Benefit）

利益是指汽车产品能满足客户哪些方面的需求，能给客户带来什么利益。客户最关注的就是产品能带来的价值或利益，这些利益构成了客户的购买动机。

（三）FAB 法的运用

FAB 法其实是一种针对不同客户的购买动机，把最符合客户要求的产品利益向客户推介，有条理地讲解产品的属性、作用以及可以给客户带来哪些利益的一种方法。在六方位绕车介绍法时，可以结合运用此方法，效果会更好。

这种介绍方法贯穿于产品介绍的因果关系中。在产品介绍中，它形成了“因为……，所以……，对您而言……。”的标准句式，即：“因为+属性，所以+作用，对您而言+利益。”

例如：（因为）这台车上配置有智能刮水技术（F 属性），（所以）它可以在下雨时，自动打开或关闭刮水器，无须驾驶员操作，可根据雨量大小调节刮水器工作速度（A 作用）。（对您而言）可以在双手无须离开转向盘、不分散驾驶注意力的情况下，保证下雨天视野清晰，提高车辆驾驶安全（B 利益）。

提　示

学术界常提到的 FABE 法，是在 FAB 法的基础上发展出来的，其中“E”代表证据（Evidence），指通过现场演示、相关证明文件来印证刚才的一系列介绍。因此销售顾问在进行产品介绍时，一定要与展车结合起来，生动形象地向客户展示。

四、车辆介绍注意事项

（一）切忌死记硬背产品话术

一般汽车厂家或是 4S 店都会总结出一套销售话术以供销售顾问使用或参考。这些话术未必对每一个客户都是适用的，应灵活运用相关知识，不要死记硬背、生搬硬套。

案例视频

6-11　如何进行静态展示——关键要素介绍法

（二）语言深入浅出

产品介绍过程中要注意避免使用非常深奥的专业词汇，要用客户能够听得懂的语言进行解释，一定要避免一味地使用专业的、深奥的词汇，可以通过一些生活中客户可能接触到的实例，或是给客户设计拥有本产品后的用车场景，让客户充分理解车辆技术能带来的利益。

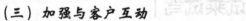

（三）加强与客户互动

销售顾问不要只顾自己表达，而不给客户思考和表达的机会，不能在介绍过程中语速过快、没有停顿，一定要给客户思考和提问的机会，并要尽可能地寻求客户的认同，鼓励客户亲自动手体验车辆性能和提出问题，调动客户感官的兴趣，加深印象。

案例视频

6-12　产品介绍时注意激发客户的兴趣

（四）激发客户兴趣

客户选车往往会走访和比较多家品牌的产品，销售顾问想要给客户留下深刻的印象，就必须抓住机会在产品介绍中激发客户的兴趣。介绍产品时，要围绕客户的需求，突出产品的独特之处，或者营造具体生动的生活情境，引导客户联想，打动客户。

【学生活动实训】

1．活动内容

采用六方位绕车介绍法和 FAB 法，模拟演练展厅静态车辆介绍。

2．活动目的

掌握销售顾问在展厅内进行车辆介绍的方法。

3．活动步骤

（1）学生以两人为一个小组，分别扮演客户张先生和销售顾问小刘。

（2）教师指定车型，给定时间让小组熟悉车辆技术。

（3）销售顾问小刘按规范的六方位绕车介绍流程对客户张先生进行产品介绍。

（4）角色轮换，确保每个成员能得到全方位的训练。

（5）教师进行指导并做出分析评价。

4．活动评价

评价项目	是否达到活动目的（40%）	练习表现（40%）	职业素养（20%）
评价标准	① 完全达到 ② 基本达到 ③ 不能达到	① 积极参与 ② 参与主动性一般 ③ 不积极参与	① 大有提升 ② 略有提升 ③ 没有提升
自我评价（20%）			
组内评价（20%）			
组间评价（30%）			
教师评价（30%）			
总得分（100%）			

任务四　试乘试驾

【课程导航】

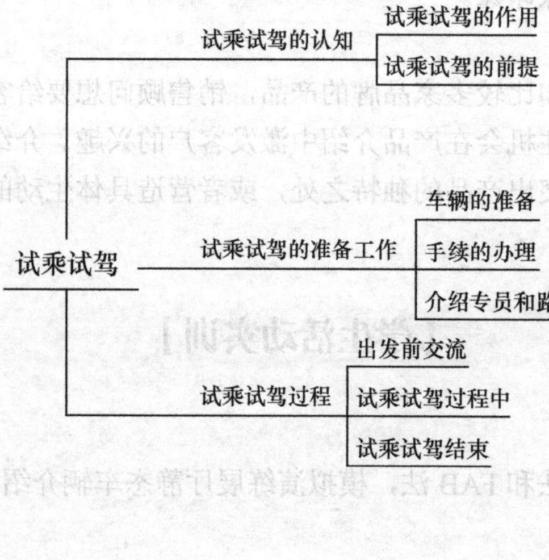

【学习目标】

- 知识目标

了解试乘试驾的作用和前提。

掌握试乘试驾流程和工作方法。

- 能力目标

能按规范为客户提供试乘试驾服务。

【任务描述与分析】

任务描述：经过多次接触沟通，小刘的客户张先生表示对所推荐的车型很感兴趣，于是小刘邀请张先生进行试乘试驾，张先生考虑后便答应了。为了达到完美的效果，做好这次试乘试驾，小刘应该怎样做呢？

任务分析：客户对自己亲身体验过的商品往往会有深刻的印象，因此，试乘试驾是拉近客户与产品、销售顾问之间关系和感情的关键一步。

【相关知识】

一、试乘试驾的认知

（一）试乘试驾的作用

现代汽车营销的发展趋势是体验式销售，试乘试驾工作逐渐发展成汽车营销过程中的一个重要环节。客户对自己亲身体验过的商品往往会有深刻的印象。试乘试驾实际上是车辆的动态展示过程，让客户亲身体验车辆的动态性能，感受车辆的优点与特性，从而激发客户的购买欲望。同时，在试乘试驾过程中，销售顾问可与客户继续深入交流，拉近双方的关系和感情。可以说，客户试乘试驾的感觉与体验，直接影响着客户最终的购买决策。

（二）试乘试驾的前提

试乘试驾对于汽车销售企业来说是一项成本和风险都比较大的业务，一是因为企业要准备充足的试乘试驾车辆，车辆的保险、油耗、维护等产生的费用是一笔不小的经营成本；二是客户进行试乘试驾时可能会发生的违章、事故等也是一项风险成本。

因此，试乘试驾也是有前提的。首先客户要对所关注的车型表现出明显的兴趣和初步的了解。同时，客户须持有驾照，并且符合公司规定的驾龄，驾驶技术较为熟练。如果客户目前尚未取得驾照，或驾龄不符合公司要求，但对车辆富有兴趣和购买意向，销售顾问应耐心与客户解释和沟通，可以邀请客户进行试乘体验。

案例视频

6-13 劝说不宜试驾客户的技巧——动之以情，晓知以理

二、试乘试驾的准备工作

试乘试驾之前的准备工作直接影响到客户试乘试驾的效果。试乘试驾的准备工作主要有以下几项。

（一）车辆的准备

试乘试驾车辆要按照汽车企业的实际要求来准备。

（1）试乘试驾车辆要按照汽车企业的要求把型号和数量配备齐全。

（2）试乘试驾车辆要时刻保持良好车况，每天都要及时清理，及时保养，定期美容，并且内饰要齐全。

（3）试乘试驾车辆必须上民用车牌，且证件齐全，并有保险。

（4）试乘试驾车辆一定要有专门的标识，并且停放在指定的位置。

（5）当出现新款汽车时，要能够按照规定及时准备试乘试驾车辆。

（6）准备一套儿童座椅，以供客户带孩子来试乘试驾时使用。

微课视频

6-14 试乘试驾准备

音频

6-15 试驾过程的安全高于一切

（二）手续的办理

1. 资格核验

核验客户的身份证与驾驶证，征询客户同意后进行复印存档，将原件交还给客户。对于没有、没带驾照，或驾照过期的用户，建议客户享受试乘服务，绝不可以让不具备试驾条件的客户试驾。

2. 签订协议

给客户进行试乘试驾安全事项的讲解，请客户仔细阅读并签署“试乘试驾协议”（见图 6-4），以防在试乘试驾过程中出现不必要的纠纷。

XXXX 汽车销售有限公司

试乘试驾协议

甲方：××××汽车销售有限公司

乙方：姓名________________联系电话________________

联系地址________________________________

为保证试乘试驾活动安全、有序、顺利地实施，甲乙双方本着相互支持、相互理解的原则，就试乘试驾××汽车达成如下协议。

1．甲方在甲乙双方协商约定的时间内，向乙方提供××汽车的试驾服务。

2．试车前，乙方必须出示真实有效的身份证和驾驶证正本，实际驾龄必须两年以上，并留驾驶证复印件给甲方。每次试车连同试驾者最多为两人。

3．乙方试车时，必须在甲方代表陪同下，按照甲方代表的指定路段进行。试驾过程中车速不得超过甲方要求的 70 千米/小时。

4．乙方试车时，必须遵守国家道路交通法规的相关规定。

5．如因试车者不遵守交通法规，发生交通违章，应由乙方及时到交通管理部门接受处理；如因试车者不遵守交通法规（试驾协议）而造成交通事故，应由试车者本人承担事故责任；如将试乘试驾车辆损坏，乙方应承担甲方为恢复试驾车辆完好状态所产生的一切费用。

6．甲方保留随时终止试车服务的权利。

7．雨雪或大风等恶劣天气，甲方有权拒绝乙方的试驾请求。

试驾车资料由甲方代表________________填写

车型________________车牌号________________

图 6-4 试乘试驾协议

（三）介绍专员和路线

试乘试驾过程中，一般由试乘试驾专员陪同客户进行，目前很多公司为了方便与客户的交流沟通，也允许由具备试乘试驾资质的销售顾问进行陪同。

销售顾问或试乘试驾专员要根据客户需求及车辆特性为客户推荐适合的试乘试驾路线，

向客户说明先试乘再试驾的流程，在试乘试驾路线图中指出换手点，介绍路况、路段中应注意的特殊地点以及在该路段重点体验的车辆性能。

企业一般应准备多条试乘试驾路线，并将路线图在店内展示（见图 6-5），便于客户了解和选择。路线应尽量包括车流量较少的平直路段、过弯路段、坑洼、爬坡路段等路况不同的路线。销售顾问可以根据车辆特性及客户需求进行针对性的推荐体验。

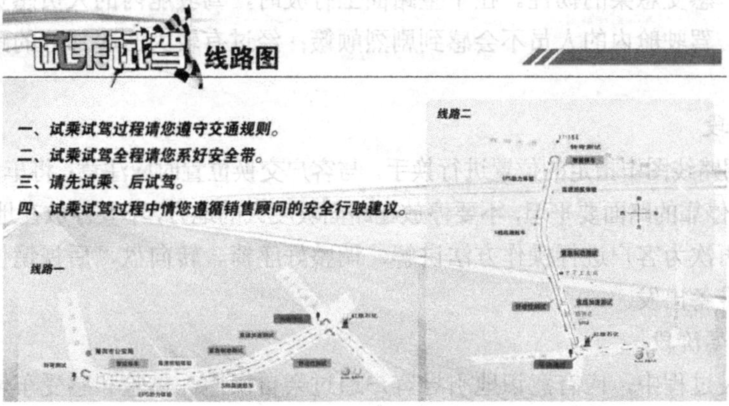

图 6-5　某公司试乘试驾路线图

三、试乘试驾过程

（一）出发前交流

销售顾问在试乘试驾前要充分了解客户的驾驶偏好和需求，以及客户试乘试驾过的品牌车型，为试乘试驾过程的车辆介绍确定方向。

试乘试驾出发前要为客户进行一定的车辆静态介绍，先让客户熟悉和了解试驾车型，充分调动起客户的试驾积极性，激发客户兴趣。

微课视频

6-16　试乘试驾过程

销售顾问可以从以下三方面来为客户进行出发前的介绍。

1. 品外观

上车前，向客户介绍汽车的外观风格、特色、可选颜色等；向客户展示中控门锁的打开方式，将车门解锁，车窗降下，介绍车门窗的做工、密闭性等；引导客户通过欣赏和触摸，形成良好的感官体验。

2. 品内饰

让客户坐到汽车的副驾驶位感受座椅的做工、空间、舒适度、可调节性；同时说明转向灯、刮水器和仪表板等仪器的使用方法，让客户亲自试操作仪表板、中控台、变速器、驻车制动器、储物格、空调等，感受操作的方便性以及人性化的设计；让客户打开音响，体验音效等。

3. 听发动机

起动发动机，让客户感受发动机在怠速状态时是否平稳，有无不规则的颤动，引导客户表达起动发动机后的乘坐感受。

（二）试乘试驾过程中

1. 客户试乘阶段

在试乘阶段，销售顾问或试乘试驾专员可提示客户感受不同路段车辆的各种动态表现。

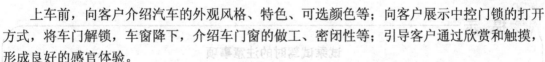

起步阶段：体验换挡平顺性。

直线加速：体验直线行驶时车辆加速的凌厉感受。

高速行驶：体验静谧感受（主要包含车内噪声小和音响随车速变化而变化的体验）。

高速制动：体验制动的稳定性。

通过弯路：体验座椅的包裹感和支撑感，如过弯时车辆稳定，侧倾小。

过颠簸路：感受悬架的韧性。在平整路面上行驶时，驾驶舱内的人员感觉平稳舒适；经过坑洼路面时，驾驶舱内的人员不会感到剧烈颠簸；经过有较大凸起部分的路面时，不会剐蹭底盘。

2. 换手阶段

在试乘试驾路线图中指定的位置进行换手。与客户交换位置时应注意：将车停在路线图中设定的安全位置，停靠的路面要平坦，不要停放在路面坡度大的地方，不要停放在地面有水的地方。

换手后，再次为客户进行操作方法讲解，调整好座椅、转向盘、后视镜位置，提醒客户系好安全带，准备出发。

3. 客户试驾阶段

在客户驾驶过程中，应有意识地引导客户通过亲自操控，体验和感受车辆的性能。体验内容主要包括以下几点。

（1）车辆的操控性：体验转向盘转向的精准和灵敏，各仪表功能观察清晰，各功能开关操控简便，触手可及。

（2）驾乘的舒适性：在不平坦的路段，感受车辆扎实的底盘、优异的悬架系统。

（3）车辆加速性能：在平坦、车流少的路面上，请客户进行直线加速体验，检验车辆动力表现和换挡平顺的感觉。

（4）车辆爬坡性能：在试乘试驾路段中的爬坡路段，邀请客户体验发动机强大扭力在爬坡时的优异表现。

（5）车辆的制动性：路段中进行一定的制动体验，感受精确、安全的制动表现。

提 示

试乘试驾时的注意事项

在客户试驾阶段，交谈语句要尽可能简短，不要过多分散客户精力，影响客户驾车的情绪。

鼓励客户将驾驶过的车型进行比较，如果客户提出的问题无法用简短语言解释清楚，请客户在试驾结束后回到展厅继续讲解。

仔细倾听客户的谈话，观察客户的驾驶方式，鼓励客户发问和动手操作，进一步搜集客户的关注点。当客户出现不当操作行为时，应委婉提醒并及时制止。

（三）试乘试驾结束

引导客户将车辆停放于试乘试驾车停放的区域。适当称赞客户的驾驶技术，引导客户回展厅，总结试驾体验。按客户所关注的需求回答客户疑问，讲解及介绍与竞争品牌的区别及优势。请客户填写“试乘试驾顾客意见表”（见图 6-2），并适时促成交易。

客户离去后，根据的客户驾驶特点和关注点，适当更新客户信息。将客户驾驶证复印件、“试乘试驾协议”和“试乘试驾顾客意见表”装订成册，归档待查。

案例视频

6-17 试驾后积极征询客户评价

提 示

客户在购车之前很可能去多家店试乘试驾，而客户体验印象最深、最独特的那一家店无疑最有可能赢得订单。因此，销售顾问要尽量加深客户对试乘试驾体验的印象，比如，与试驾车辆拍照合影等方法。

试乘试驾顾客意见表

敬爱的贵宾，在您试乘试驾××汽车后，如对商品及配备有任何意见，敬请填妥下表告知我们，这定将成为我们追求完美的目标。

现使用车辆名称____________________；

试乘试驾车型名称__________________；

预备购买车型______________________。

对试乘试驾车辆的评价：

	满意	好	普通	不满意
外观	□	□	□	□
操控性	□	□	□	□
车内空间	□	□	□	□
加速性	□	□	□	□
配备	□	□	□	□
舒适性	□	□	□	□

本试乘试驾活动最终解释权归××××汽车销售有限责任公司所有。

请问您对××××汽车及××××汽车销售有限公司的服务是否有其他建议，敬请您提供给我们，以作为改进参考。

____

____

甲方： 乙方：

年 月 日

您的光临是我公司全体员工的荣幸，感谢您的试驾！

图 6-6 试乘试驾顾客意见表

【学生活动实训】

1. 活动内容

模拟演练陪同客户进行试乘试驾的工作情景，包括手续办理、介绍专员和路线、试乘试驾过程以及结束后征询客户评价和交易促成。

2．活动目的

掌握销售顾问进行试乘试驾工作的流程和技巧。

3．活动步骤

（1）学生以两人为一个小组，分别扮演客户张先生和销售顾问小刘。

（2）销售顾问小刘按规范的流程对客户张先生进行试乘试驾服务。话术自拟。

（3）角色轮换，确保每位成员能得到全方位的训练。

（4）教师进行指导并做出分析评价。

4．活动评价

评价项目	是否达到活动目的（40%）	练习表现（40%）	职业素养（20%）
评价标准	① 完全达到 ② 基本达到 ③ 不能达到	① 积极参与 ② 参与主动性一般 ③ 不积极参与	① 大有提升 ② 略有提升 ③ 没有提升
自我评价（20%）			
组内评价（20%）			
组间评价（30%）			
教师评价（30%）			
总得分（100%）			

任务五　异议处理

【课程导航】

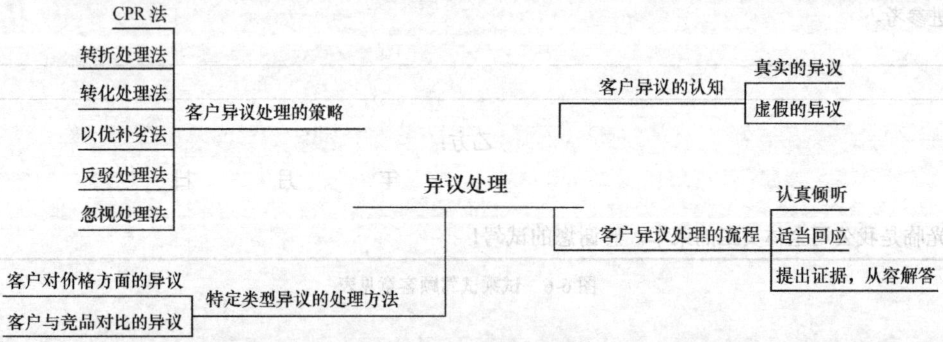

【学习目标】

• **知识目标**

了解客户异议的类型和产生的原因。

掌握客户异议的处理流程。

掌握客户异议的处理方法和策略。

• 能力目标

能运用恰当的方法和策略处理客户异议。

【任务描述与分析】

任务描述：小刘接待客户张先生的时候，留意到张先生对所推荐的车型是很喜欢的，但是张先生却说自己对这款车不太满意，又提出了其他品牌的同类车型价格要便宜2000元。小刘应该怎么办呢？

任务分析：汽车销售顾问最常遇到的就是客户提出的各种异议。客户在购买过程中产生的任何不明白、不认同、有疑义、有顾虑的意见都是客户异议，它存在于销售过程的各个环节。想要达成交易，销售顾问必须能够准确地辨别并妥善处理这些异议。

【相关知识】

一、客户异议的认知

客户异议是指客户对销售人员或其营销活动所做出的一种在形式上表现为怀疑、不解，或否定的反应。简单地说，被客户用来作为拒绝购买理由的意见、问题、看法就是客户异议。它存在于展厅接待、需求分析、产品介绍、试乘试驾及销售促进等每一个环节。对于汽车销售顾问而言，如果能准确地辨别并妥善地处理这些异议，就可以及时消除客户的疑虑与顾忌，增强购买信心和欲望，最终促使客户做出购买决策。

微课视频

6-18 客户异议处理

客户异议产生的原因很容易理解。由于汽车是一种较为特殊的商品，它的技术复杂，价格昂贵，使用周期长，因此，客户在购买汽车时往往会谨慎考虑，多方比较，也就会产生很多异议。在实际工作中，客户的异议可以表现在各个方面，但概括起来，可以分成两大类型，即真实的异议和虚假的异议。

（一）真实的异议

这是客户异议的主要表现形式，是指客户由于没有了解产品和服务，或因各种原因对公司的产品和服务持有某种偏见而产生的异议，主要体现在下面几个方面。

1. 对价格的异议

“这辆车价格太贵了……”“这种价格，我负担不起……”“你们有价格低一点的汽车吗……”对价格有异议，是所有异议中常见的一种，汽车销售顾问必须能够应对客户的价格异议，让客户了解产品物有所值。

2. 对产品的异议

“听说这车很耗油……”“我不喜欢这车的外形……”“这款发动机发生过产品召回……”对产品的异议也是常见的一种异议。这种异议很可能是客户对产品了解不充分，销售顾问需要为客户提供和展示车辆的技术数据和优良的性能，消除客户异议。

3. 对服务的异议

客户常常抱怨提车方式或时间不能完全满足他们的要求，也常常抱怨定期保养工作不够理想，服务不够方便等，这些都是对公司提供服务的不满。销售顾问要了解公司的政策和售后服务程序，以恰当的方式取得客户的谅解。

4. 对公司的异议

客户的异议有时不只是针对产品，他们对公司财务情况和经营方式等，有时也会提出异议。因此，销售顾问要营销的，往往不只是产品，还要营销汽车制造商和销售商良好的口碑和信誉等。

5. 对销售顾问个人的异议

有些客户不肯达成交易，只是对销售顾问个人有异议，不喜欢其工作方式，不愿意与其交流，排斥销售顾问带来的构想和建议。因此，销售顾问一定要举止得体，善于沟通，给客户留下良好印象。

6. 因为竞争者而产生的异议

一些客户常常会说对另外某品牌的汽车非常喜欢。对许多有经验的销售顾问来说，有竞争对手不是一个严重的问题，只要能向客户证明自己的产品和服务比竞争对手的更好，客户是能够认可的。

（二）虚假的异议

虚假的异议是指客户提出的异议并不是其内心的真实想法。客户提出虚假的异议一般出于以下几种原因。

1. 出于习惯

这种情况大多出现在首次来店的新客户上，大部分人在面对较为陌生的销售人员时，总会有抗拒心理，习惯性地把自己“武装”起来，不愿意轻易说出自己的真实想法，反而想尽各种办法来敷衍、推脱或拒绝，久而久之，成了一种习惯。对此种情况，销售顾问要耐心细致地与客户沟通，使客户放下戒备，表达出真实的想法。

案例视频

6-19 挖掘客户真实想法

2. 没有成交的意愿

客户用借口、敷衍的方式来应付销售人员，目的是不想和销售顾问进行实质性的洽谈，不是真心实意地进入销售活动中来。“这车我不太喜欢。”“这车外观不时尚。”可能就是客户的借口。有时，客户确实是有购车的愿望，但是由于需要与其他品牌或型号的车再做比较，所以用各种异议敷衍。

3. 为后续的谈判获得优势

客户心里比较喜爱某款车型，但是却提出一些异议来，目的是给汽车销售顾问造成一种假象，为自己争取有利的交易条件。“听说这种车开一段时间后经常出现一些小毛病。”“这车是不错，就是车型太老了，很快就会下线停产。”这些异议很可能是出于某种原因的虚假异议。

音频

6-20 异议处理的重要性

二、客户异议处理的流程

客户异议看上去像是成交的障碍，但销售顾问可以借此机会向客户介绍更多的信息，因此，如果处理得当，反而可以转化为产品的卖点。

销售顾问应鼓励客户提出异议。在处理客户异议的时候，应认真倾听，准确回答，设法找到客户提出异议的原因，使异议成为向客户提供产品信息的机会。异议处理的一般流程如图 6-7 所示。

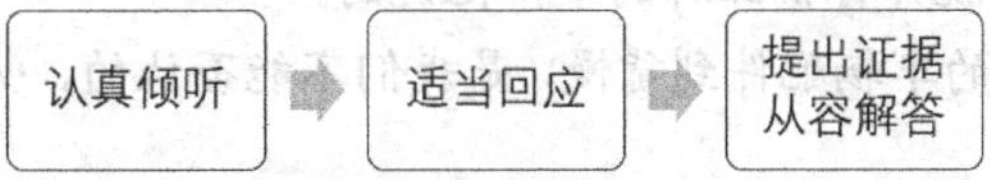

图 6-7 异议处理的一般流程

（一）认真倾听

首先要弄清楚客户异议的真实来源和提出异议的真实目的。要做到这一点，汽车销售顾问必须认真地听完客户所说异议的内容，弄清楚原因才好对症下药。

（二）适当回应

在交谈过程中，销售顾问要适当重复或认同、回应客户提出的异议，通过重复客户提出的问题或及时的认同、回应等动作来达到以下目的。

（1）向客户表达尊重。

（2）让客户感到他的问题得到了销售顾问的关注。

（3）缩短买卖双方的距离。

（4）找到客户异议的真实来源。

汽车销售顾问可以用“我没理解错的话，您刚才说的是……”和“您的担心没错，我们的很多客户之前也都关心过这个问题。”这类语言重复客户异议和对客户异议表示认同、回应。

案例视频

6-21 对于客户疑问无法立即回复的应对技巧

（三）提出证据，从容解答

解答客户异议的最好方法就是用事实说话。汽车销售顾问应在平时多收集一些对自己产品有利的证据。可用的证据包括：销售车型和竞争对手车型的资料、专业刊物、报纸文章、检测结果、参考资料、客户证明、试乘试驾相关资料等。依靠大量相关资料的支撑和对客户异议的真实了解，再加上个人的自信，有理有据地解答客户异议。

三、客户异议处理的策略

案例视频

6-22 异议处理的策略

（一）CPR 法

CPR 表示澄清（Clarify）、转述（Paraphrase）、解决（Resolve），是一种处理客户异议的技巧，运用方法如下所述。

1. 澄清

通过开放式问题进一步澄清客户的异议，积极倾听并确保准确理解客户的异议。

2. 转述

用自己的话来总结客户的异议，把客户异议转化为更容易应对的表述方式。

3. 解决

理解并认同客户的担忧或感受，给出合适的解答。

案例

客户：“听说你们的配件到货很慢！”

销售顾问：“请问先生您这个信息是从哪来的？”（澄清）

客户：“我朋友李×就开你们品牌的车，他说的。”

销售顾问：“李先生的车辆配件到货慢，是我们不能否认的，少数几位车主是等了很长时间。”（转述）

销售顾问：“但是到货慢的一般都是不容易损坏的部件，比如说变速器、发动机。有时候碰巧客户的车撞到了这个部位。您知道像这样的部件一般都要从厂家订货，所以时间很长。但您放心这个问题不会发生在一般车主身上。”（解决）

（二）转折处理法

转折处理法是销售顾问先承认客户的看法有一定道理，然后根据有关事实和理由来间接否定客户的异议。也就是向客户做出一定让步之后才讲出否定的理由，但若使用不当可能会使客户提出更多的意见。在使用过程中要尽量少用“但是”一词，而实际谈话中却饱含着“但是”的意思，这样效果会更好。

案例

客户：“你们的品牌不是很知名吧，我还从来都没听说过呢。”

销售顾问：“张先生，这一点都不奇怪，您这个问题好几个客户都问过呢。我们是著名汽车厂商A公司旗下的品牌，有十二年的历史了，刚刚进入国内不久，所以您可能没有留意过。现在在很多旗舰店，我们这款车的销量都很不错呢，好几个店都出现了库存紧张的状况”。

客户：“原来是这样啊……”

（三）转化处理法

转化处理法是利用客户的反对意见本身来处理异议。客户的反对意见具有双重属性，它是交易的障碍，同时又是很好的交易机会。销售顾问要利用反对意见中的积极因素去抵消其中的消极因素。直接利用客户的反对意见时应注意不能伤害客户的自尊心。一般不适用于与成交有关的或敏感性强的反对意见。

案例

客户张先生带着他的朋友赵先生一起来参加试驾，试车完毕后，张先生比较满意，但赵先生却不太看好这款车。

销售顾问：“赵先生，看得出来您对汽车很精通啊，您能跟我说说这款车哪里不太令人满意吗？”

赵先生：“它的外观很漂亮，内饰也还可以，但提速比较慢，而且这辆车的动力一般。”

销售顾问：“赵先生，难怪张先生买车会那么尊重您的意见，您真是相当内行。说实话，动力性和加速性确实不是这款车的强项。我了解到张先生买车是为了给新婚太太一个惊喜，是吧？”

客户张先生：“呵呵，是这样的。”

销售顾问：“您对太太真好，我相信，收到这样一份特别的礼物，您太太会一直记在心里。女士用车和男士用车有些不一样，像赵先生，就会注重驾驶的快感和乐趣，一马当先，纵横驰骋，这才是男士心中的好车。赵先生，您说是不是？”

赵先生：“没错。”

销售顾问：“女士选车最注重的则是外形的美观，空间的舒适，以及安全保障是否齐备。张先生，是不是？”

客户张先生：“嗯，我觉得是。”

销售顾问：“我们这一款车是专为女士打造的，无论是外形还是空间都非常迎合女士需求。尤其是安全配置，它配备了预紧式安全带、六大安全气囊、人体工学安全座椅、四门内置强化防撞钢梁等，它可以为您太太提供多重的安全防护。赵先生，您对汽车非常了解，您说是不是这样呢？”

赵先生：“嗯，你说的没错。”

销售顾问：“张先生，赵先生，您二位觉得这款车怎么样？我敢说张太太看到这样一款时髦炫丽的车子，一定会很高兴的。”

（四）以优补劣法

如果客户的反对意见确实反映了产品或公司所提供的服务中的缺陷，则不应回避或直接否定。明智的处理方法是肯定有关缺点，然后淡化处理，利用产品的优点来补偿甚至抵消这些缺点。这样有利于使客户的心理达到一定程度的平衡，既打消了客户的疑虑，又有利于使客户做出购买决策。

案例

客户：“车看起来是好车，但是你们 A 品牌不是非常知名呀，你看现在不少大品牌的车都会闹毛病，小品牌就更难保证啦。”

销售顾问：“张先生，大品牌有大品牌的好处，小品牌也有小品牌的妙处呀。同级别的车型，我们的售价要低三万到五万元，同样的维修保养，我们的收费只有其他品牌的三分之一。我们为了赢得更多的客户，将小品牌做成大品牌，一方面在质量上一丝一毫都不敢马虎；另一方面，在服务上想客户之所想，急客户之所急，能让您买车放心，用车更安心。您说是不是这样呢？”

客户：“嗯，你说的还真有些道理。”

（五）反驳处理法

反驳处理法指直接对客户的异议进行反驳式的处理。从理论上讲，这种方法应该尽量避免使用。直接反驳对方容易使气氛僵化，使客户产生敌对心理，不利于客户接纳销售顾问的意见。但如果客户的反对意见是产生于对产品的误解而销售顾问手头上的资料能帮助说明问题时，不妨直言不讳，大胆采用该方法。但态度一定要友好而温和，最好是引用权威数据或例证，才最有说服力，同时又可以让客户感到销售顾问对企业和产品的信心，从而也就增强了客户的信心。

案例

客户：“听说你们车辆的钢板很薄，不安全！”

销售顾问：“请问先生您是从哪里听说的呢？”

客户：“我朋友说的。”

销售顾问：“您的担心我能理解，都怪我没给您介绍清楚。我们车身材料使用的是新型高强度铝合金，虽然不厚，但强度很大，为您减轻车身重量，节省燃油消耗。另外，汽车的安全性不是由钢板的厚薄决定的。而是由车体结构、安全配置等多方面因素决定的。我们车辆有 51 项主动、28 项被动安全设计，在新车评估项目（NCAP）碰撞试验中获得 5 星评分。我们车辆的安全性在同级别车型中遥遥领先，您绝对可以放心。”

（六）忽视处理法

忽视处理法指销售顾问故意不理睬有关客户提出的某些异议的处理方法，主要用于处理各种与产品和成交无关的异议。当客户提出一些反对意见，但并不是真的想要解决或讨论，或这些意见和眼前的交易没有直接关系时，汽车销售顾问只要面带微笑忽视处理即可，有利于保持良好的氛围，节省时间，提高工作效率。常用的做法：微笑、点头（表示“同意”或“听到你的话”）。既让客户满足了表达的欲望，又可以采用忽视处理法快速引开话题。

提　示

异议处理的方法还有很多，在实际工作中，不能生搬硬套，有时针对一种异议，可以交叉运用两种以上处理方法。同时也要不断总结新的方法，更要注意处理客户异议时运用恰当的语言、语调、态度，这样才能获得良好的效果。

四、特定类型异议的处理方法

（一）客户对价格方面的异议

汽车虽然已经开始走入千家万户，但对于多数家庭和个人来说，还是一种贵重商品，因此在销售过程中，砍价、议价的行为非常常见。作为销售顾问，必须成功地做好价格异议处理才有可能为企业和个人带来直接的经济收益。下面我们看一看几种价格异议的情形。

案例视频

6-23　异议处理的方法——客户提出车辆价格贵

1. 客户与车辆网络报价比较

客户在选车之前，可以通过多种渠道获得车辆信息，尤其在价格方面，大多数客户都是有备而来的，比如越来越多的客户从网络上查阅车辆信息和价格。网络上的车辆报价通常看起来会比较便宜，因此常常被客户用来作为价格的谈判手段。其实网络报价虽然看上去便宜，但实际购买时，会有销售区域的壁垒，或强制购买附加服务等其他要求，最终实际成交价并不低，只是一种宣传手段。在处理这样的客户异议时，销售顾问应对客户表示理解的同时，为客户详细对比网上购车和在本店购车的区别，阐述本店的优势以及价格的公开透明性，消除客户疑虑，加强客户的购买信心。

案例视频

6-24　异议处理的方法——客户要求打折或优惠

2. 客户直接要求打折或优惠

客户要求打折或优惠时，销售顾问先不必忙于思考如何应对，而应该先确认客户对车型的满意程度如何。如果客户非常喜欢某款车型，少量的价格优惠对客户购买决策并不具有关键性的影响作用。很多客户在砍价时，是处于本末倒置的盲目状态的，忽视了长远的产品利益，而认定小幅的价格优惠，因此，销售顾问可以引导客户从价格回归价值，只要客户能清醒地认识到产品的价值，再适当地给以小幅的价格让步或许诺价格保证，客户一般都会认可和接受。

3. 客户表示等降价再买

案例视频

6-25　持币观望客户的应对

在汽车这类贵重商品消费中，“持币观望”是一种很常见的消费心态。客户往往会抱着这样的心理：现在正在降价或促销的车型，过一阵可能会有更大幅度的优惠；现在没有优惠的车型，过段时间后可能会有降价或促销活动。

对于持币观望的客户，销售顾问在强调产品价值和利益的基础上，还要明确告知客户该车型不会轻易降价，而且，早购买可以早享受。同时，根据客户的关注点，刺激对方的购买欲望。比如，对追赶时尚的客户，可以暗示“打折时，该车型已经过时了”；对于很看重优惠折扣的客户，可以表示“等两年后打折时，最多就是降价一两千元，等待这么久，影响了用车，影响了生活品质，实际上并不合算”。总之，要因人而异采取不同的刺激其购买欲望的方法。

案例视频

6-26　异议处理的方法——相似配置的其他车型更便宜

（二）客户与竞品对比的异议

1. 客户在价格方面与竞品比较

汽车行业竞争非常激烈，同一价位区间、同一配置级别上，通常会有多个品牌、多个车型可供客户选择。因此，客户经常会对同一级别、不同车型进行价格比较。遇到这种情况时，销售顾问一方面必须对自己所代表的品牌和企业有充分的自信，这种态度会影响客户的态度和印象；另一方面，销售顾问要向客户阐述己方产品相对于竞争产品的独特优势，紧扣客户需求，提炼产品的独特卖点，让客户感受到这款车是最独特的、最适合自己的。

案例视频

6-27　如何评价竞争对手的车型

2. 向客户比较和评价竞争车型

很多客户在购车之前都会比较几款不同品牌的车型，然后从中选择一款最心仪的。因此，销售顾问在与客户沟通时不得不面对一个两难的话题：怎样评价竞争品牌车型。如果夸奖了竞争品牌车型，客户可能会觉得竞争对手的车型更加优秀，这无异于“为他人做嫁衣”；但是如果攻击或贬低竞争对手，又会令客户对自己的印象和好感大打折扣。

汽车销售顾问处理这个难题的关键是找准客户最核心的诉求，然后对竞争品牌车型采取“明褒暗贬”的策略，在客户不太在乎、不太看重的卖点上真诚夸赞对手，而在客户最关注的诉求点上不着痕迹但一针见血地指出对方的缺点和劣势，让客户不仅觉得销售人员客观公正，而且降低甚至打消对竞争品牌车型的热情。

比如，客户要购买商用车，销售顾问就从外形和加速性能上夸对手，然后再通过其他客户的案例来指出竞争车型不适合商用的地方，从而改变客户的看法与倾向。

【学生活动实训】

1. 活动内容

模拟演练客户异议处理的工作情景。

2. 活动目的

掌握进行客户异议处理的方法和技巧。

3. 活动步骤

（1）学生以两人为一个小组，分别扮演客户张先生和销售顾问小刘。

（2）教师给定情境，客户张先生提出异议，销售顾问小刘进行异议处理。话术自拟。

（3）角色轮换，确保每位成员能得到全方位的训练。

（4）教师进行指导并做出分析评价。

4. 活动评价

评价项目	是否达到活动目的（40%）	练习表现（40%）	职业素养（20%）
评价标准	① 完全达到 ② 基本达到 ③ 不能达到	① 积极参与 ② 参与主动性一般 ③ 不积极参与	① 大有提升 ② 略有提升 ③ 没有提升
自我评价（20%）			
组内评价（20%）			
组间评价（30%）			
教师评价（30%）			
总得分（100%）			

满满正能量

科技创新

中华人民共和国成立后特别是改革开放以来，党和政府高度重视科技事业。从“向科学进军”到迎来“科学的春天”，从“科学技术是第一生产力”到“创新是引领发展的第一动力”，我国科技一直在抢抓机遇，不断开拓创新。

目前生产制造技术、节能减排技术、智能网联技术是汽车领域的科技创新前沿，汽车正向着低碳、环保、舒适、便捷、健康、智能的方向不断发展和进步，越来越多的公司企业和科研院校都在潜心研究，推进着科技创新。

同学们要从日常的学习生活和身边小事做起，独立思考，努力学习科学文化知识，为创新奠定坚实的基础。在学习生活中，转变学习方式，学会自主学习、合作学习、探究式学习、创造性的学习，培养自己的创新精神和实践能力。

项目七 签约与交车

在本项目中，我们主要学习汽车销售中如何促成签约、顺利交车，以及交车之后的客户回访，可以分为交易促成、新车交付和售后服务三个任务。

|任务一 交易促成|

【课程导航】

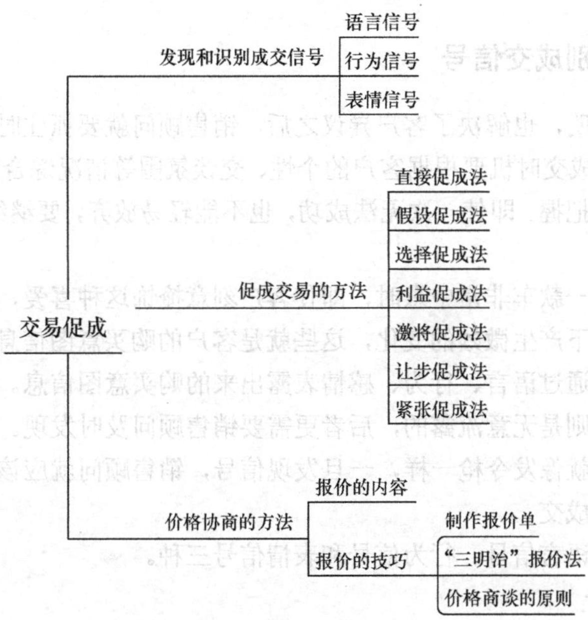

【学习目标】

- 知识目标

掌握成交信号的判断方法。

掌握促成交易的方法。

了解价格商谈的原则。

- 能力目标

能从客户的语言、行为、表情判断成交信号。

能运用交易促成的方法对客户进行交易促成。

能运用价格商谈的技巧，完成价格商谈工作，既保证公司应得利益，又满足客户心理需求。

【任务描述与分析】

任务描述：汽车销售顾问小刘负责的客户李先生表示对车辆很满意，但当小刘提出能否签订单时，客户表现出犹豫不决，并提出价格的优惠要求。

任务分析：销售顾问做了前面的种种工作，都希望能够顺利成交。但是在大多数情况下，客户不太容易主动提出成交，销售顾问需要掌握一定的成交信号的辨别方法，来判断客户的购买态度。当遇到客户在成交时犹豫不决或要求优惠等情况时，应结合一定的交易促成技巧，以及一定的价格商谈原则，帮助客户下定决心尽快购买。在本任务中，我们就来学习如何合理地促成交易。

【相关知识】

一、发现和识别成交信号

当进行完产品说明，也解决了客户异议之后，销售顾问就要抓住时机，技巧性地向客户寻求成交。最有利的成交时机要根据客户的个性、交谈氛围等情况综合而定，从气氛、动作、表情等变化中寻找并把握。即使一次无法成功，也不能轻易放弃，要继续做好客户跟踪工作，争取创造新的机会。

其实，当客户对一款车非常中意时，即使客户刻意掩饰这种喜爱，他们的语言、表情、行为也会在心理作用下产生微妙的变化，这些就是客户的购买意图信息。

成交信号是客户通过语言、行为、感情表露出来的购买意图信息。客户的成交意图有些是有意表示的，有些则是无意流露的，后者更需要销售顾问及时发现。客户发出的这种信号对汽车销售顾问来说就像发令枪一样，一旦发现信号，销售顾问就应该把握住机会迅速采取行动，主动引导客户成交。

成交信号可分为语言信号、行为信号和表情信号三种。

（一）语言信号

当客户有意购买时，从其语言中就可以判断出来。语言信号的种类有很多，客户可能会以赞叹、惊奇、疑问等各种形式流露出购买意图。常见的语言信号有以下几种。

（1）表示肯定或赞同，例如，“对，你说的没错。”“我们目前确实很需要。”

（2）提出购买的细节问题，例如，“一周才能提车，时间太长了吧。”“上牌照时需要带什么证件资料？”等。

（3）打听产品售后服务的详细情况，例如，“如果出现故障，在维修时要怎么做。”

（4）询问付款的具体方式或争取价格的进一步优惠，例如，“定金一般交多少钱？”“真的不能再给点优惠了吗？”等。

（5）重复问已经问过的问题，例如，“对于我刚才提出的问题，你能否再详细解释一下？”等。

（6）与同伴议论产品，例如，“你看怎么样？”等。

当出现上述语言信号时，说明客户对产品基本认可。

在实际工作中，语言信号往往不那么明显，经常隐含在顾客的异议中，这就要求销售顾问善于观察和倾听，掌握辨别的艺术。

（二）行为信号

行为信号是指客户在举止行为上所表露出来的购买意图。以下均可能是成交行为信号。

（1）反复、仔细地翻看合同以及其他资料。

（2）仔细查看分期付款方案。

（3）积极参与到谈话中，不断点头，对汽车销售顾问的话语及动作很关注。

（4）坐着的姿态由前倾转为后仰，身体和语言都变得轻松。

（5）倾斜身体，靠近汽车销售顾问，以便认真倾听销售顾问的话语。

（6）认真地直视汽车销售顾问。

（7）不再提问，进行思考或用手轻敲桌子、身体某部位以帮助自己集中思路。

上述动作，表示客户正在郑重考虑，或决心已定，紧张的思想放松下来。总之，是一种“基本认同”的态度，是在发出购买信号。

（三）表情信号

表情信号是客户的心理活动在面部表情上的反映。

如目光对产品的关注或分散、面带微笑、表情严肃等均是判断成交时机的重要依据。通常来说，顾客决定购买的表情信号，有如下几种类型。

（1）面部表情突然变得轻松，紧皱的双眉舒展或上扬。

（2）态度更友好。

（3）露出自然的微笑或欣赏的神情。

（4）表情由冷漠、深沉转为自然、亲切、随和，神色活跃起来。

（5）眼睛转动速度加快，似乎在思考问题。

当以上任何情形出现时，即表示客户发出购买信号，销售顾问要准备进行交易促成。

二、促成交易的方法

在销售的最后阶段，销售顾问除应密切注意成交信号，做好成交的准备外，还要学会运用不同的促成交易的方法。

促成交易的方法是指在最后成交环节中，当客户对产品没有异议、比较满意时，销售顾问抓住适当的时机促使顾客尽快做出购买决定的方法。经过了前面销售顾问的各种工作和努力，客户虽已对产品和服务比较满意，但有时往往在买与不买、现在买还是将来买之间犹豫不决。因此，如何引导客户做出决定，尽快促成交易，也是销售顾问必须掌握的一项技能。下面我们来介绍几种促成交易的方法。

微课视频

7-1 交易促成

（一）直接促成法

音频

7-2　直接促成法

直接促成法指销售顾问在充分肯定客户意向的前提下，解决了客户主要的异议与问题之后，顺势向客户提出成交建议的方法。这种方法的优点是快速高效，尤其适用于有丰富购车经验、善于理性思考的客户；缺点在于如果运用的时机不当，容易给客户造成压力，破坏成交气氛。

直接促成法使用时可以分成明显的三段式：首先确认客户对车子的看法和满意度，例如，“您对这款车还满意吗？”接着询问客户存在的异议和问题，例如，“您现在还有什么顾虑吗？”最后，提出成交建议，例如，“您是打算一次性付款还是分期付款？”

案例

销售顾问：“李先生，您已经试驾过了，觉得这款车怎么样？”

客户：“哦，这款车你确定十天后可以提车是吧？不会让我等上好几个月吧？”（购买信号）

销售顾问：“您放心，十天后可以提车。”

客户：“我只喜欢车身灰色的这款，还有内饰一定要是深色调的，这也没问题吧？”（购买信号）

销售顾问：“没问题。李先生，您之前提过，要分期付款购买，是吧？”

客户：“嗯，分期付款压力要小一点。”

销售顾问：“您既看重品质品位，又懂得平衡，真是个理性的人。您打算首付几成？分期想分几年呢？”

客户：“首付六成吧，剩下的钱两年还清的话，您帮我算算月供吧。”

销售顾问：“这款车总价是12万元，贷款额是4万元，包含保险费用、上牌杂费以及第一个月的月供款的话，首付一共是9.8万元，每个月的月供是2000元。您看看这份费用明细表……”

客户：“嗯，还不错。我担心啊，现在我交了钱，如果十天后你们交不了车，或者交了车，但是有质量问题，那怎么办啊？”（购买信号）

销售顾问；“这个您放心，我们在合同里都一一写明了。我们来看看合同，我跟您说说比较重要的一些条款吧……您看，合同我解释得清楚吗？您还有没有什么问题呢？”

客户：“明白了，基本上没什么问题了。”

销售顾问：“那么，李先生，您需要在合同这个位置上填写一些信息……”

（二）假设促成法

假定促成法指客户意向明显并且不存在重大异议时，汽车销售顾问先假定客户一定会购买，在此基础上与客户讨论一些具体的交易细节，从而推动购买。假设促成法应用技巧如下。

（1）巧妙转换用词。让客户真正把自己当成汽车的主人，例如，不使用“这款车”而使用“您的爱车”；不说“我建议您”而说“您打算”。这样一种转换，对客户心理是一种积极的暗示。

（2）在提出假设成交建议时，销售顾问应注意保持自然态度，不要让客户感到是在催促其做出购买决定。

假设促成法常用的话术："您打算为您的爱车选什么风格的内饰呢？""您是打算分期付款吧？我给您算一下……"

案例

销售顾问："李先生，这款车您觉得中意吗？"

客户："不错，我很喜欢。它的越野性能不错。"（购买信号）

销售顾问："是呀，这款车有着优越的越野性，内部空间也非常宽敞，您平时经常有户外的活动，它真的非常适合您。我们来确定一下内饰吧。您比较喜欢深色调的是吧？"

客户："是的。"

销售顾问："您看要不要给爱车加上导航呢？"

客户："这倒不用。你们赠送我一年的车险，对吧？"

销售顾问："没错，李先生，这个在合同里也注明了，我们一起来看看合同吧……"

（三）选择促成法

选择促成法指销售顾问为客户提供几种选择方案，无论客户选择了哪一种，都是对成交决定的默认。

客户在进入最后成交阶段后，往往在买与不买、现在买还是以后买之间犹豫不决。这就需要销售顾问能够主动提出成交细节的若干方案，让客户可以轻松地做出选择。

选择促成法应用技巧如下。

（1）销售顾问要保持自然的态度，交流时充分尊重客户意见，让客户感觉是在自由、自主地做决定，愉悦地做出选择，而不是被圈在某个范围内被动地选择。

（2）销售顾问要通过前期的沟通不断缩小客户的选择范围和意向。使用选择促成法时不要给予客户太多的选择，否则只会让犹豫的客户更加犹豫。

选择促成法常用的话术："您想为您的爱车选择深色调的内饰呢，还是浅色调的？""您希望分期几年呢？一年、两年，还是三年？"

案例

销售顾问："李先生，您比较喜欢手动的，还是手自一体的？"

客户："手动的，我习惯了。"

销售顾问："您刚刚试车的时候，我就猜到了，像您这样车技精湛的人，肯定比较偏爱手动挡的。这一款车有红、白、灰三种颜色可选，您更喜欢哪一种呢？"

客户："白色的，看起来雅致，无论什么场合都适合。"

销售顾问："是啊，白色是汽车永远不过时的经典颜色，很多像您这样的精英白领都钟情白色。您倾向于一次性付款，还是分期付款呢？"

客户："我想先付六成的首付应该是没问题的。"

销售顾问："剩余的车款您想分成一年，还是两年还清呢？"

客户："分两年的话，每个月的月供是多少？"

销售顾问："您稍等，我帮您算一下。分两年的话，每月月供是×××元。以您的经济能力和发展前景，这笔投资是完全可以承受的，没错吧？"

客户："分期的话，压力小一点，毕竟我还在还房贷，生活可不轻松。"

销售顾问："是啊，但是有了一款车，不仅方便了您和家人的工作与生活，更会提升生活的品质和档次。以后每个周末，每次长假，您都可以与家人一起自由地去想去的地方。您的奋斗不就是为了家人更好地生活，您说是吗？"

客户：（沉默）

销售顾问："李先生，我们库房现在有现车，您今天就可以开着爱车回家呢……"

（四）利益促成法

利益促成法指销售顾问以汽车的价值和利益来打动客户，促使对方采取购买行动的方法。从根本上说，客户购车是因为车子能满足自己的某些关键需求，所以，让客户不断重温、体验汽车带来的利益，是引导成交的一种好方法。

销售顾问为客户做产品介绍时，已经推介过了汽车的大部分卖点和优势，因此，在促成交易阶段，销售顾问只需提炼车辆的1～3个最主要的卖点向客户说明即可。

案例

销售顾问："李先生，您不想今天就把这款车开回家吗？"

客户："我是想啊，但是，你们这款车为什么从来不打折呢？"

销售顾问："这款车不打折，是因为它的服务从来不打折，现在大多数的汽车售后服务期限一般是2年，但是我们这款车是4年，就这一条，就可以省一半的养护费用。而且，以您的能力，将来肯定会发展得更好，两三年后换车是很可能的，那个时候还在售后服务期限内，将车转手，保值率比其他车要高得多。这款车不打折，还有一个原因就是它的品质与口碑，它畅销了十多年，没有品质保证，是不可能有这么强盛的生命力的。您也一定想买一款放心车、安心车，是吧？"

客户："唔……"

销售顾问："李先生，这款车我们库房就剩下一辆了，我们去看看吧……"

（五）激将促成法

激将促成法指销售顾问利用客户的自尊心理或逆反心理，以刺激的方式激起对方不服输的情绪，从而快速做出决断的方法。

激将促成法的应用技巧如下。

（1）刺激性的话题要选准，必须是客户关心的、注重的、有兴趣的，不能选择与客户没有太大关系的话题。

（2）运用时要把握尺度。不能过急，也不能过缓。过急，很容易引起客户反感；过缓，客户很可能无动于衷。因此，要根据环境、对象和条件来斟酌运用。

案例

销售顾问："李先生，看得出来您很满意这款车呀。"

客户："是呀，这款车跟网上的评价一样，动力真不错。我今天回去再想想，要是没什么大问题，我明天来提车。"

销售顾问："李先生，没关系，买车是应该多考虑一下，我们店这两天应该都能提到现车，上午有位客户直接提走了两辆，现在还有一辆。"

客户："谁会一次提两辆车啊？"

销售顾问："哦，这个人您应该认识，他也和您一样是建筑行业很有名气的一位经理人。他就是××公司的张总，上午我们还聊起您呢。"

客户："哦，我跟他确实认识。他为什么买两辆车呀？"

销售顾问："听说，一辆是他自己用，还有一辆是给他妻子买的。"

客户："哦，原来是这样。"

销售顾问："李先生，您看是今天提车还是明天提车呢？我可以带您去看看库房的现车。"

客户："嗯，行吧，去看看现车，要是合适，今天提车也一样……"

（六）让步促成法

让步促成法指销售顾问以价格上的让步或者给出某些优惠条件，促使客户立即做出购买决定的办法。

让步促成法的应用技巧如下。

（1）明确自己的折扣权限，不能滥用折扣。

（2）在客户做出购买承诺前，不要轻易让步。

（3）沟通过程中让客户感受到销售顾问是做出了巨大努力才争取到的让步。

案例

销售顾问："李先生，您看这款车还有什么问题吗？"

客户："其他问题我没有了，我跟你讲了这么久的价，你好歹再给我便宜点嘛。"

销售顾问："李先生，刚才您要求打9.6折，我找经理申请了三遍，他才肯特事特办给您特别优惠。9.6折确实是我们的最低价了，您如果信不过我，我可以带您去看我们这一星期签的所有单子，要是有比9.6折更高的折扣，让我送您一款车都没问题。"

客户："小刘，你再去问问嘛，再低一点，我今天就买了。"

销售顾问："你确定今天能定下来吗？您如果能定下来，我也有底气跟经理谈呀。"

客户："没问题。"

销售顾问："那我去请经理过来谈一谈。您稍等……"

经理："李先生，刚刚小刘把您的情况跟我说了。您一看就是个爽快人，我也不跟您绕圈子，9.6折这个价确实是最低了，其他店里这款车基本上都是不打折的。"

销售顾问："经理，李先生是我的一位老客户的好朋友。他住在福山区，家门口就有一家4S店，可是李先生还是大老远跑来我们店，这都是第二次来了，很有诚意的。您能不能再给一点优惠呢？"

经理："是这样啊。李先生，感谢您这么信任我们店。冲着您这份诚意，我们店就是不挣钱也要交您这个朋友。跟您说实话吧，9.6折确实是我们的底价了，其他客户买车时最多只能拿到9.8折。要是可以降价，我早就给您降价了。这样吧，我们赠送您一年的车险，价值3625元，算是我们店的一份诚意。您看这样行吗？"

销售顾问："李先生，您买车是肯定要上保险的，我们赠送您车险，不仅节省了您的费用，而且以后理赔也更方便一些。您看，刚刚在您之前买车的那两位客户都是自己花钱上的车险呢。”

客户：“这样啊，那好吧。”

（七）紧张促成法

紧张促成法是指汽车销售顾问利用或者营造出紧张的成交气氛，以此来刺激客户的购买欲望和热情的方法。

销售顾问如果能确定客户喜欢一款车，那么可以在适当时机搬出其他买家，客户感受到竞争压力后，其购买欲望会被激发出来。这时销售顾问提出成交建议，客户很可能放弃犹豫的态度，快速做出决定。

案例视频

7-3 紧张促成法

紧张促成法常用的技巧如下。

（1）利用销售报表或库存表，明确告知客户其所选择的车型的销售和库存情况。

（2）明确告知客户优惠折扣的截止日期，报出具体的差价，提醒客户在优惠活动结束前做出购买决定。

（3）安排意向明确的客户在同一天的某一时段来签单或提车，大大鼓励和刺激现场其他准客户。

（4）与同事或上级相互配合，与竞争买家进行对比，强调库存有限，促使客户快速做出决定。

案例

李先生来店好几回了，很中意一款车，但就是下不了决心。这次，另外一位客户恰好也在看同一款车型。为了促使李先生做出决定，销售顾问请同事帮忙配合。

销售顾问：“李先生，我看您很喜欢这款车，就是下不了决心。您是不是还有什么顾虑呢？”

客户：“我就是想考虑清楚一点，以免买了又后悔。”

同事：“小李，我刚听经理说，你有客户正在看这款车，是吗？”

销售顾问：“是呀，我跟李先生正在聊这款车呢，他比较中意。怎么啦？”

同事：“哦，我的一位客户也看上这款车，问还有没有现车，库房这边就剩一辆车了。”

销售顾问：“昨天库房不是还有三辆吗？”

同事：“昨天下午有客户提走了一辆，今天上午又预订出去一辆，所以还剩一辆了。”

销售顾问：“怎么会这样呢？下批车可要等一个月呀，你看能不能先向你客户介绍其他车型呢？李先生都来好几回了，就喜欢这一款呀。”

同事：“那好吧，我先介绍别的车型，反正这位客户刚到，应该不会着急看现车。”

销售顾问：“那拜托你了。李先生您别介意，现在库存的现车不多，经理叮嘱我们一定要相互确认一下，不要出现一车多卖的情况。我们还是聊聊这款车吧。您现在还有哪些顾虑呢？”

客户：“唔……”

销售顾问：“李先生，没关系的，如果您需要时间考虑的话，我可以明天给您打电话。

如果您真的中意这款车，那我建议您还是今天定下来比较好，现在是汽车销售旺季，错过一款，可能要等上一两个月才能提到车呢。”

客户：“你们定金要交多少钱？”

销售顾问：“您现在大概带了多少钱呢？”

客户：“我就带了1000元。”

销售顾问：“我们要求的订金最低是2000元，不过跟您接触这么久了，您的为人我清楚，我帮您问一下，争取用1000元先把这款车定下来吧。”

提 示

交易促成的方法还有很多，在实际工作中，不能生搬硬套，应针对不同客户的不同情况，灵活运用不同的方法和技巧，促使客户做出签约购买的决策。但无论使用何种方法，都要保持自然的洽谈气氛，不要让客户感受到购买压力。

三、价格协商的方法

（一）报价的内容

目前常见的报价内容主要包括以下三个方面。

1. 按照厂商统一指导价报价

目前，我国汽车4S店的汽车销售价格通常由汽车生产厂家统一指导，汽车经销企业自我调节的空间不大，汽车销售价格的透明度相对较高。汽车销售顾问按照生产厂家统一的规定报价，既可以满足厂家的要求，又能显示出诚恳的态度。

2. 结合厂家规定优惠金额进行优惠报价

为增加汽车经销企业销售的灵活性，汽车生产厂家会给予经销商一定的价格优惠额度。同时客户对于汽车的标价也不会完全认可，他们一定会要求销售顾问给予一定的价格优惠。这时汽车销售顾问应该适当满足客户要求，提出一定的报价优惠。

3. 根据客户需求说明自己的权限及申请的范围

对于汽车销售顾问首次给予的价格优惠，客户很可能会提出更多的要求。为了维护公司的利益，销售顾问应当适当拒绝，但是不能过于直白地拒绝，否则会损害客户的自尊心。合理的做法是表明理解客户的要求，但是说明自己的权力有限，争取客户的理解。如果客户一再坚持，可以向客户说明需要向上级申请，以表示最后的让步。

案例视频

7-4 优化购车方案以促成交易

（二）报价的技巧

1. 制作报价单

为了显示公司规范的工作流程，提高客户信任度，增加价格的透明度，销售顾问应在报价时制作报价单并向客户出示。某公司产品报价单如图7-1所示。

<table>
<tr><td colspan="3">欲购意向车型</td><td colspan="2">颜色</td><td colspan="2"></td></tr>
<tr><td rowspan="2">车价</td><td colspan="2"></td><td colspan="2">发动机号</td><td colspan="2"></td></tr>
<tr><td colspan="2"></td><td colspan="2">底盘号</td><td colspan="2"></td></tr>
<tr><td rowspan="4">税费</td><td>上牌费</td><td></td><td colspan="2" rowspan="4">附件加装</td><td colspan="2"></td></tr>
<tr><td>车船税</td><td></td><td colspan="2"></td></tr>
<tr><td>购置税</td><td></td><td colspan="2"></td></tr>
<tr><td>服务费</td><td></td><td colspan="2"></td></tr>
<tr><td rowspan="5">保险费</td><td>车辆损失险/%</td><td></td><td colspan="2" rowspan="5">其他费用</td><td colspan="2"></td></tr>
<tr><td>第三者责任险/万元</td><td></td><td colspan="2"></td></tr>
<tr><td>附加盗抢险/万元</td><td></td><td colspan="2"></td></tr>
<tr><td>附加玻璃险/%</td><td></td><td colspan="2"></td></tr>
<tr><td>不计免赔险</td><td></td><td colspan="2"></td></tr>
<tr><td colspan="2">小计</td><td></td><td colspan="2">小计</td><td colspan="2"></td></tr>
<tr><td colspan="7">总计</td></tr>
<tr><td rowspan="2">贷款</td><td>首次付车款</td><td></td><td>贷款金额</td><td></td><td>每月还贷</td><td></td></tr>
<tr><td>保证金</td><td></td><td>公证费</td><td></td><td>期数</td><td></td></tr>
<tr><td colspan="7">备注：</td></tr>
<tr><td colspan="7">客户签名：</td></tr>
<tr><td colspan="7">销售经理签名：</td></tr>
</table>

图 7-1　汽车报价单

出示报价单制作时应注意以下几点。

（1）制作的报价单应将所有商谈的内容列入。

（2）详尽计算各种费用，并向客户解释所有消费项目和金额，如购车的费用、增值税、车辆购置税等项目。

（3）让客户了解交车时间及各项手续办理的流程和周期。

2.“三明治”报价法

当销售工作进入成交阶段，销售顾问应当对价格进行说明。报价是促进客户购买决定的关键环节。如何做好报价，是销售顾问必须掌握的基本技能。

汽车价格是汽车价值的货币表现，因此销售顾问在向客户报价时，不能仅仅说明车辆的销售价格，而要在报价的同时，说明车辆带给客户的利益和产品的价值。这在汽车销售中被称为“三明治”报价法。

“三明治”报价法是指在报价时将产品利益、产品后续价值和附加价值、产品价格同时向客户说明，使客户心中建立价格与价值的平衡，进而认可产品的报价。具体做法为：销售顾问根据前面与客户的沟通内容，总结出最能满足客户需求、激发客户购买热情的产品“利益”，然后报出价格，同时强调产品的后续价值及附加价值，如保养服务费用低、车辆保值率高，或随车附送某加装配置等。这个方法让客户感觉到自己得到的价值高于价格，物有所值。

例如：“这款车是我们目前动力性能最好的车型，0～100 千米的加速时间仅有 7.5 秒，非常符合您对动力性的追求，现在的报价是 25.78 万元。最近这款车正在做新车上市推广，现在购买还可以赠送您一份车辆保险。您看怎么样？”

3. 价格商谈的原则

动画

7-5 价格谈判时的注意事项

客户在绝大多数情况下都会进行价格商谈，也就是俗称的“砍价”。与客户进行价格商谈时，要注意把握下面几条原则。

（1）让客户先报价。鼓励对方先开价，把对方想达到的目标挖掘出来，以便后面继续洽谈。尤其当客户提及其他竞争对手的价格时，销售顾问一定要把这个报价问明白。一是便于向客户详细分析与竞争对手产品和服务的区别；二是通过客户可以了解竞争对手的价格底牌，便于以后接待其他客户时使用。

（2）不能轻易让价。每一步让价都要让客户感到不容易，不要因为让步太容易而提高客户的砍价期望。客户频频进行砍价有时并不是真的付不出砍掉的几千元，很多时候是通过砍价获得的这种来之不易的优惠，增加心理满足感。

（3）面谈报价，得到签单承诺后再报底价。与客户在电话中谈价格时，可以按照“不承诺，也不拒绝”的原则邀请客户来店当面洽谈。客户如果没有做出当场签订单的承诺，销售顾问不可进行实质性的价格谈判。有的客户经常会与销售人员砍价，当销售人员暴露底价后，客户再拿着这个底价进行新一轮压价或去压其他经销商的价格。所以，销售顾问在得到客户的购买承诺之前，只需要报一个比较合理的价格即可，不要把底价报出来。

【学生活动实训】

1. 活动内容

模拟演练交易促成的工作情景。

2. 活动目的

灵活运用交易促成的方法和技巧。

3. 活动步骤

（1）学生以两人为一个小组，分别扮演客户李先生和销售顾问小刘。

（2）教师给定情境，销售顾问小刘向李先生提出签约建议，客户李先生表现犹豫，并提出价格优惠的要求，销售顾问进行交易促成。话术自拟。

（3）角色轮换，确保每位成员能得到全方位的训练。

（4）教师进行指导并做出分析评价。

4. 活动评价

评价项目	是否达到活动目的（40%）	练习表现（40%）	职业素养（20%）
评价标准	① 完全达到 ② 基本达到 ③ 不能达到	① 积极参与 ② 参与主动性一般 ③ 不积极参与	① 大有提升 ② 略有提升 ③ 没有提升

续表

评价项目	是否达到活动目的（40%）	练习表现（40%）	职业素养（20%）
自我评价（20%）			
组内评价（20%）			
组间评价（30%）			
教师评价（30%）			
总得分（100%）			

任务二　新车交付

【课程导航】

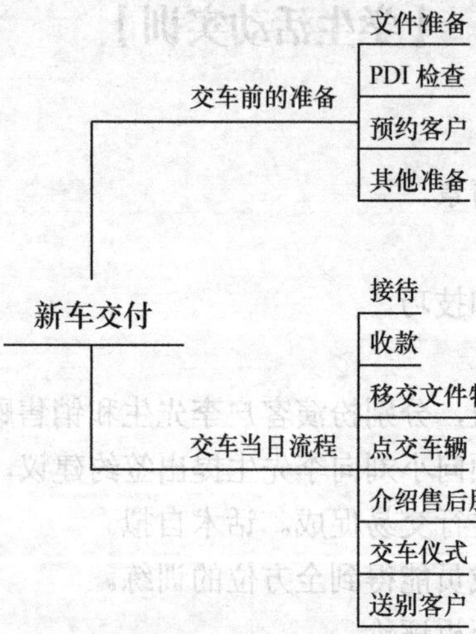

【学习目标】

- 知识目标

熟悉交车前的准备工作，明确车辆状况检查要点。

掌握交车流程各环节要点。

掌握交车前的检查（PDI）执行方法。

了解汽车 4S 店验车流程。

• 能力目标

能够按流程正确地向客户交车。

能够按流程正确地验车。

【任务描述与分析】

任务描述：销售顾问小刘最近听说竞争对手的 4S 店发生了这样一件事：客户张女士到该店选购了一辆汽车，准备送给女儿作为结婚礼物。预付了定金，双方约定 15 天内交车。一个月后，张女士到店内询问情况，然而得到的答复是：车未到，需要推迟到月底。张女士有点生气，但未表现出来。到了月底，仍没有人通知取车，于是张女士给 4S 店打电话。销售顾问告知：车子已到，明天可以来提车。第二天，张女士一早就去提车，发现车子不是特别干净，就询问情况。销售顾问说，有点脏难免，车子性能好就行。此时张女士很生气，要求退车，后经 4S 店解释，到晚上才把车开走。其后，张女士的朋友要买那家店的车，张女士把自己的经历告知朋友，朋友改变了计划，买了另外一个品牌的车。

任务分析：客户选购一辆满意的汽车，通常要耗费大量财力、精力和时间。在拿到新车的那一天，对客户来说，既是前面选购过程的一个结束，又是后面有车生活的开始，客户希望在这一天依然能够享受到优质的服务，满意而归。同时，对企业而言，交车这一天既是销售过程的完美结束，又是将来一个新的销售过程的开始。因此，企业要把握好新车交付环节，提供优质的交车服务，体现企业的服务品质，增强客户的即时心理满足感和认可度，为企业带来潜在的服务利润和更多的潜在客户。

【相关知识】

一、交车前的准备

在汽车销售的过程中，每个环节的服务都要注意体现对客户关怀备至。销售顾问经过了前面那么多的销售环节，做了那么多的努力，到了交车的阶段，可以说是历经千辛万苦。交车是客户最兴奋的时刻，在这个环节，按约定交给客户一辆满意的车，对于提高其满意度起着重要的作用。在交车环节与客户巩固朋友关系实际也是进入了新一轮的客户开发。

音频

7-6 交车前的准备工作

（一）文件准备

交车前要对车辆的相关文件进行仔细、全面的检查，确认无误后装入文件袋，以便交给客户。这些文件包括：发票、完税证明、保险卡、交车确认表、临时行车牌照、使用说明手册、保修手册、产品合格证等。交车当天销售顾问再根据 PDI 对各车检项目进行确认。

（二）PDI 检查

PDI（Pre Delivery Inspection）就是新车送交客户之前进行的一种检查。目的是在新车投入正常使用前及时发现问题，并按新车出厂标准进行修复。PDI 检查的大部分项目是由服务部门来完成的。PDI 检查时要注意以下事项：检查前，应先将车辆清洗干净，装配好约定的选装件，并添加一定量的燃油。检查时，应按 PDI 检查单进行检查，防止漏检任何项目。检查完成后，检查员必须在检查单上签字，并于交车前在“保修手册”检查栏中签字。如果检查有项目不合格，检查人员应把所需维修项目填写在检查单上，修理完毕并确认后填写“已修复”。

（三）预约客户

车辆到达 4S 店并经过 PDI 检查确认无问题后，销售顾问应及时和客户联系预约交车时间。

与客户电话沟通，恭喜客户可以提车，告知客户交车的流程和时间（可询问客户最关注哪个步骤并记录或与客户确认“一条龙”服务及衍生服务的需求和完成状况）。征得客户同意，与客户约定交车时间及地点，提醒客户带齐必要的文件、证件和尾款。询问客户交车时将与谁同来，并鼓励客户与亲友同来。

约定时间前 15 分钟再次确认，以便做好接待的准备。

约定交车日期发生延迟时，第一时间主动向客户说明原因及提出解决方案。

（四）其他准备

预定交车区，检查并确认交车区的各项设施无故障；必须保证店堂内交车区域明亮整洁，要备有桌椅、饮料点心，方便销售顾问将各种车辆资料在轻松愉悦的气氛下慎重地交给客户，以提高客户对交车过程的满意度。预先将交车事项通知企业的其他相关员工，做好交车前的各项准备工作。

提　示

在竞争激烈的汽车行业，不仅新技术、新概念、低价格具有竞争优势，完善周到的客户服务也是赢得客户忠诚的重要法宝。因此客户签约购车并不是销售工作的结束，而是新一轮销售工作的开始，继续通过优质的服务巩固和加强销售顾问与客户之间的信任和好感，很可能促成客户的二次购买或转介绍，为企业带来更多利润。

二、交车当日流程

（一）接待

交车日客户来店的接待要点有：在展厅门口设“欢迎”立牌，祝贺客户提车。销售顾问（主管或经理有空也可参与）到门口迎接并祝贺，为客户挂上交车贵宾的识别标志。4S 店每位员工见到带有交车贵宾识别标志的客户均应热情道贺。销售顾问引领客户至商谈桌坐下，并提供饮料。

微课视频

7-7　交车流程

（二）收款

对于尚未结清款项的客户，销售顾问需用准备好的各项清单与客户结算各项费用。常用的收款方式有现金支付、银行转账支付、银行卡支付、支票支付、移动支付、分期付款。

（三）移交文件物品

客户结清款项之后，邀请客户回到洽谈区，向客户概述交车流程和所需的时间，征询客户意见，获得认可，并移交相关文件。

（四）点交车辆

将车钥匙郑重地交给客户，并予以恭喜、祝贺，分享客户欣喜的心情。将客户带到新车旁，利用“交车确认单”陪同客户绕车检查，确认车辆并点交原厂配件、工具、备胎、加装件等。根据“用户使用手册”和“保修手册”向客户介绍新车使用常识、装备情况、保养维修知识和解答客户提出的各种问题。同时携带一块毛巾及清洗剂，随时替客户清除交车检查过程中新车上出现的印记。点交完车辆后，与客户核对一遍“交车检查表”上的项目，并请客户在上面签名，形成书面文件存档，提醒客户后续手续办理的时间和地点。某公司的新车交车检查表如表 7-1 所示。

微课视频

7-8 顺利交车的流程细节

音频

7-9 交车时的具体验收项目

表 7-1　　新车交车检查表

服务商名称：________ 服务商代码：________ 经销商名称：________

车型：________ 发动机号：________ 运输商名称：________

车身颜色：________ 车架号：________ 检查日期：________

外观与内饰	☐内部与外观缺陷（如变形、擦伤、锈蚀及色差等） ☐油漆、电镀部件和车内装饰 ☐关闭车门检查缝隙情况 ☐车玻璃有无划痕 ☐随车物品、合格证、工具、备胎、使用说明书 ☐VIN 码、铭牌 ☐示宽灯及牌照灯 ☐前照灯（远近光）、雾灯开关 ☐制动灯和倒车灯	室内检查与操作	☐离合器踏板高度与自由行程 ☐制动踏板高度与自由行程 ☐加速踏板自由行程与操作 ☐转向盘自由行程 ☐收音机调节 ☐转向盘自锁功能 ☐驻车制动调节 ☐遮阳板、内后视镜 ☐室内照明灯 ☐前后座椅安全带及安全带提示灯 ☐座椅靠背角度及头枕调整 ☐加油盖的开启 ☐手套箱的开启及锁定 ☐前后刮水器及清洗器的工作情况 ☐点烟器及喇叭的操作	点火开关及车门装置	☐组合仪表灯及性能检查 ☐门灯；中门儿童锁 ☐车门、门锁工作是否正常 ☐门边密封条接合情况 ☐钥匙的使用情况 ☐滑动门的工作情况，必要时加润滑脂 ☐蓄电池和起动机的工作及各警告灯的显示情况 ☐手动车窗及开关
发动机舱	☐制动液液位及缺油警告灯 ☐发动机机油液位 ☐冷却液液位及浓度 ☐玻璃清洗剂液位 ☐传动皮带的张紧力 ☐油门控制拉线 ☐离合器控制拉线				
底部及悬架系统	☐底部状态及排气系统 ☐制动管路有无泄漏或破损 ☐轮胎气压（包括备胎）（前轮：220kPa；后轮：250kPa） ☐燃油系统管路有无泄漏或破损 ☐悬架的固定 ☐确认保安件螺母扭矩		☐变速器液位 ☐确认所有车轮螺母扭矩 ☐齿轮、齿条护罩情况	驾驶试验	☐制动器及驻车制动的效果 ☐转向盘检查与自动回正 ☐变速器换挡操作 ☐离合器、悬架系统工作情况
热态检查	☐燃油、防冻剂、冷却液、制动液及废气的渗漏 ☐冷却风扇的工作情况		☐热起动性能 ☐蓄电池电压≥12V，怠速时≥13.5V ☐有无其他异响		

续表

故障描述	
处理方法	

以上检查项目：合格“√”、异常“×”；如果需要提出维修时，请将此单和“新车到货质量信息反馈表”传真至公司服务部。

备注：

- PDI 检查：对以上项目的正确安装、调试及操作进行详细检查，简述故障现象及处理方法，并签字确认。
- 接车员：确认该车辆已完成了所有的检查项目。

PDI 检查人员签字：________ 接车员签字（经销商公章）：________ 运输商签字：________

（五）介绍售后服务

介绍售后服务流程及注意事项、产品保修的内容和范围，强调车辆首次保养的时间、为客户引荐售后服务人员并交换名片，介绍售后服务接待区的位置，以及其他特色服务。

案例视频

7-10 交车时引荐售后服务专员

（六）交车仪式

为了增强客户对交车的满意度，一般要在交车结束前进行交车仪式。交车仪式上除了销售顾问还可以邀请销售经理、展厅经理、服务经理等人员出席，现场有空闲的工作人员均可以到席并向车主道贺。所交新车可以附上红色绸带，为客户奉上鲜花、纪念品等小礼物。全体现场人员与新车合影留念，影毕全体鼓掌表示祝贺。

（七）送别客户

取下新车上的绸带，告知客户可能会收到电话回访，请客户多给予支持。请客户推荐其他亲友前来赏车、试车。再次恭喜并感谢客户，微笑目送客户驾车离去，挥手道别。

【学生活动实训】

1．活动内容

模拟演练新车交付的工作情景。

2．活动目的

掌握交车流程和方法。

3．活动步骤

（1）学生以两人为一个小组，分别扮演客户李先生和销售顾问小刘。

（2）客户李先生预定的新车已经到店，请销售顾问小刘进行交车前的准备并模拟演练交车当日流程。话术自拟。

（3）角色轮换，确保每位成员能得到全方位的训练。

（4）教师进行指导并做出分析评价。

4．活动评价

评价项目	是否达到活动目的（40%）	练习表现（40%）	职业素养（20%）
评价标准	① 完全达到 ② 基本达到 ③ 不能达到	① 积极参与 ② 参与主动性一般 ③ 不积极参与	① 大有提升 ② 略有提升 ③ 没有提升
自我评价（20%）			
组内评价（20%）			
组间评价（30%）			
教师评价（30%）			
总得分（100%）			

任务三 售后服务

【课程导航】

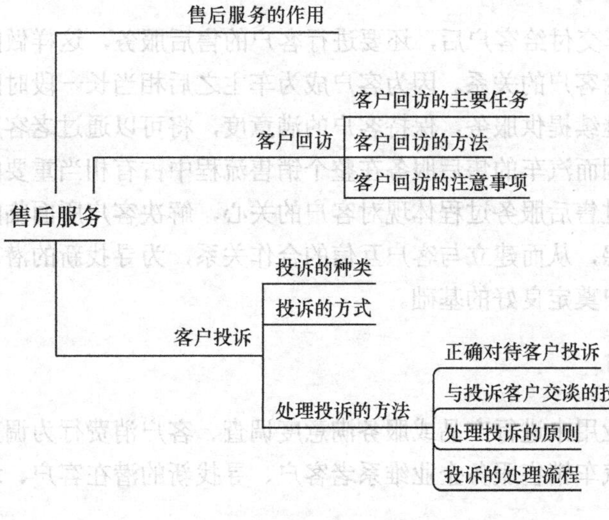

【学习目标】

- 知识目标

了解售后服务的重要性。

掌握客户回访的内容与方法。

掌握投诉处理的内容与方法。

- 能力目标

能够在汽车 4S 店从事售后服务工作。

【任务描述与分析】

任务描述：销售顾问小刘最近接到一位老客户的电话，客户抱怨公司产品质量差、售后服务部门态度差。小刘经过进一步询问了解到，客户总是觉得车辆有异响，给售后服务部门打了几次电话后都被告知这是正常现象。客户不放心，想要全面检查一下，但一直没有得到合理的安排，因此十分生气，并声称要到相关部门投诉。小刘听说之后，立刻安抚客户情绪，帮客户预约检查时间，并代售后部门的同事向客户道歉。客户这才勉强答应按约定时间来店里检查。

任务分析：很多销售人员把汽车销售出去之后，就认为大功告成了，售后的事情一概不用管了，认为这是售后部门的事，其实这样就犯了一个严重的错误。在客户眼里，没有售后服务的销售，是没有信用的销售；没有售后服务的商品，是没有保障的商品。而不能提供售后服务的销售人员，是得不到信任的。售后服务是销售的一部分，对于销售具有延续性的作用。认真地维系客户，把客户发展成为忠诚客户，这样就可以获得客户的重复购买或转介绍。因此，对汽车销售顾问而言，做好售后服务也是一项重要的工作。

【相关知识】

一、售后服务的作用

销售顾问将新车交付给客户后，还要进行客户的售后服务，这样做的目的主要是维护与老客户的关系。因为客户成为车主之后相当长一段时间内都需要销售企业继续提供服务，保持客户的满意度，将可以通过老客户介绍更多新客户。因而汽车的售后服务在整个销售流程中占有相当重要的地位。企业可以通过售后服务过程体现对客户的关心，解决客户所面临的问题，化解客户抱怨，从而建立与客户互信的合作关系，为寻找新的潜在客户，培养忠诚客户奠定良好的基础。

音频

7-11 售后服务的重要性

二、客户回访

客户回访是企业用来进行产品或服务满意度调查、客户消费行为调查、客户维系的常用方法；客户回访是汽车销售服务企业维系老客户、寻找新的潜在客户、培养忠诚客户的重要环节。在实际工作中，客户回访涉及售前、售后、信息管理中心等多个职能部门，权责的划分、相关资料的移交、投诉问题的处理等都需要做好配合工作，才能保证客户回访工作的顺利完成。客户回访工作流程如图 7-2 所示。

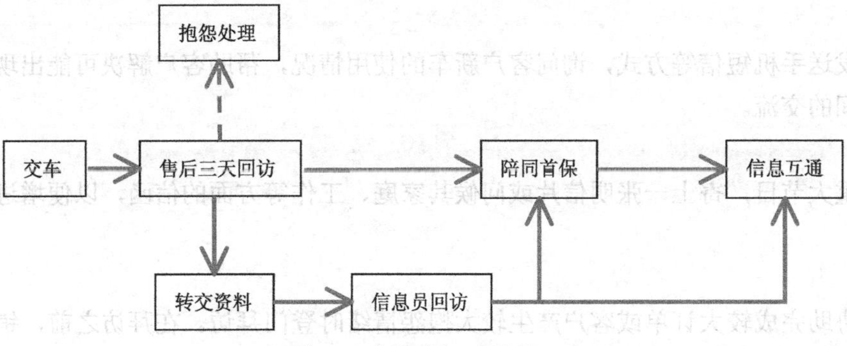

图 7-2　客户回访工作流程

微课视频

7-12　售后服务

（一）客户回访的主要任务

客户回访是为了更好地维系客户资源，是提升企业竞争潜力的一项重要工作。客户回访的质量好坏直接关系到客户资源的稳定。这项工作主要由销售顾问和客服专员分工完成。

1. 销售顾问回访的主要任务

（1）核实交易事项。客户回访开始于客户交纳定金之后。有时由于多种原因会出现延迟交车或其他意外情况，销售人员必须及时与客户进行沟通。

（2）减少可能产生的客户投诉。汽车在使用过程中，由于客户使用不当或车辆本身质量问题，都会导致客户的不满或投诉。在此之前，若销售顾问主动与客户联系，能够有效缓解客户的不满情绪，减少投诉率，在处理客户抱怨的工作中取得主动地位，从而防止由于负面影响给企业形象带来损失。

（3）提供咨询服务。有些客户是首次购车，虽然在售车环节销售人员已经对车辆的操作与维护等做了详细的说明，但客户仍可能存在疑问，希望能得到更多的帮助。回访有利于双方信任关系的进一步确立。

（4）建立忠诚客户群。一位客户的满意，往往会影响其周围的相关群体。主动联系有利于与客户建立互信的关系，从而利用其人际关系，获得更多新客户。

2. 客服专员回访的主要任务

（1）保养提醒。客户购车后及时提醒客户车辆保养的里程和日期，告知营业时间和所需文件，为客户提供汽车首保的预约服务。

（2）节日、季节性关怀。在客户生日送上祝福；重大节日（如新年、中秋节等）时送上节日的问候；提醒客户近期天气变化，关注身体健康；在每年换季时节，主动告知客户车辆使用的季节性注意事项，提醒客户企业可提供的免费检测项目。

（3）通知客户参加车主活动。汽车经销公司会定期组织车友汽车交流会、俱乐部等活动，包括用车方式、服务流程讲解、维修处理程序、紧急事故的处理等内容的交流。

（4）通知客户公司活动。及时向客户通报公司的车展或优惠促销活动；当有新车型上市时，通报公司的新车信息，发送新车资料，使客户及时了解公司销售活动动态，利于客户为亲朋好友推荐及二次购买。

（5）提供用车信息。公司通过对客户资料的分析，系统地收集与客户利益相关的信息，如当地路况信息，新车型、新的交通法规以及与客户职业相关的信息等，增进双方的了解，培养忠诚客户。

（二）客户回访的方法

1. 电话回访

通过打电话或发送手机短信等方式，询问客户新车的使用情况，帮助客户解决可能出现的问题，增进彼此间的交流。

2. 信函回访

在客户生日、重大节日，寄上一张明信片或问候其家庭、工作等方面的信函，以便增进双方的了解和感情。

3. 登门回访

一般应在客户协助完成较大订单或客户产生较大抱怨情绪时登门拜访。在拜访之前，销售人员要制订拜访计划，明确拜访目的，有效地配置时间和其他销售资源。

4. 网络信息回访

随着信息技术的应用，现在越来越多的联系方式转移到网络中，因此可以通过微信等社交软件或电子邮件等方式与客户进行沟通和交流。

（三）客户回访的注意事项

为了在客户回访过程中取得良好的效果，要尽量做到以下几点。

1. 交车过程中提前告知客户会有回访及回访的价值，让客户觉得回访是有意义的。

2. 交车之后联系客户，确认客户一切是否满意，并了解客户对购车体验的反馈。

3. 与客户建立友好的关系，使客户感到公司始终欢迎他们。

4. 注意回访的频次和内容，确保每次回访对于客户是有价值或利益的，尽可能不要让客户反感。

音频

7-13 售后服务的时机及内容

案例

销售顾问：“张大哥，最近还好吗？”

客户：“小刘啊，你好几天没有打电话了啊。我跟你说，上次你给我推荐的那款导航仪还真不错，实惠，还实用。看来有事情还得找专业人员帮忙。”

销售顾问：“张大哥，能帮到您我非常高兴。您以后要是想改装什么，都可以找我。对了，我们店最近有一次大活动，好几款车型有 8.8 折优惠，一辆车最多能省两万元呢。您的亲朋好友最近如果有买车计划，您可以推荐到我们店里来，只要是您的朋友，我一定给最优惠的价格。”

客户：“8.8 折呀？那确实很低了。我的确有两个同学最近想买车，找时间带到你们店去看看。”

销售顾问：“张大哥，您看周六怎么样？周六您休息，正好可以来试试我们的几款新车。我觉得您对车的品位那真称得上是一流，每次试车都能说出不一样的意见来。”

客户：“好啊，那我周六带他们过去。”

三、客户投诉

（一）投诉的种类

当客户对企业的汽车产品或服务感到不满意时，通常会有两种表现：一是显性不满，即客户直接将不满表达出来，告诉经销商；二是隐性不满，即客户不说，但从此以后再也不会选择这个品牌。这样会失去一个客户，甚至是一个客户群。

音频

7-14 了解汽车售后服务的义务

按照投诉的原因不同，可以把投诉分为以下几种。

1. 产品质量投诉

产品质量投诉是指因汽车产品本身存在缺陷或其他原因车辆出现性能故障，而使客户产生不满情绪，由于没有得到及时的处理，而引起的客户投诉。

2. 服务质量投诉

汽车产品服务是长时间、多人员、多项目的服务，在这个复杂的服务过程中即使是在一个环节出现沟通不够或服务态度不良，也会导致客户投诉。如由于汽车销售员的说明不够、没履行约定、态度不诚实等原因所引起的投诉，就属于服务质量投诉。

3. 维修技术投诉

汽车是技术含量很高的消耗性产品，需要专门的技术人员提供服务，由于维修技术不到位使故障不能一次性排除，甚至多次都不能解决，就会导致客户投诉。

4. 配件质量投诉

汽车产品的配件门类多、品种多，如因配件质量不稳定而出现索赔，却不能及时处理，会导致客户投诉。

5. 服务价格投诉

由于客户对市场行情不甚了解，维修、保养等服务价格高于客户的预期，而接待人员没有提前做好沟通工作，会导致客户投诉。

6. 另有企图的恶意投诉

这是少部分客户单方面恶意扩大事态或被竞争对手利用，企图获得更多利益或达到其他目的的投诉。

（二）投诉的方式

根据客户的反映渠道分为一般投诉和严重投诉两类，如表 7-2 所示。如果客户的一般投诉不能得到有效的处理和解决，客户就会通过其他的渠道进行投诉。

表 7-2 客户投诉方式

一般投诉		严重投诉或公关危机	
投诉方式	内在原因	投诉方式	内在原因
面对面投诉	客户直接将不满发泄给接待人员，如结算员、服务顾问、销售人员等	向行业主管部门投诉	客户对严重的产品或服务问题会向行业主管部门投诉，以期得到公正合理的解决
向企业领导投诉	针对服务过程中出现的问题，有些客户直接向企业高层领导投诉，以期尽快得到解决	向消费者协会投诉	有些客户为了得到支持，会向各级消费者协会投诉

续表

一般投诉		严重投诉或公关危机	
投诉方式	内在原因	投诉方式	内在原因
向车友俱乐部反映	通过民间团体进行协调解决	在公共媒体上发布消息	通过互联网、电视、广播、报纸等新闻媒体表达不满，希望借助媒体的传播，引起更多社会人士的关注，从而给企业施加压力
向厂家投诉	客户通过有关渠道直接向汽车厂家投诉，以期达到解决问题的目的	通过法律渠道解决	对于有些严重的产品或服务问题，客户若通过其他途径没有得到满意的解决，会寻求法律渠道

（三）处理投诉的方法

1. 正确对待客户投诉

大多数客户确实是因为对企业的产品或服务感到不满而投诉的，认为企业的工作应该改进，其出发点并无恶意，不满情绪完全是企业工作失误或客户与企业之间沟通不畅造成的，企业若能认真处理，则可以增加客户的满意度。

客户的不满情绪是企业创新的源泉。客户是企业的生存之本，利润之源，他们表现出不满情绪时恰恰给了企业与客户深入沟通的机会。只要通过对客户的抱怨、投诉等不满意举动进行分析，就能发现其新的需求，做到比竞争对手快一步推出新的服务项目，不仅可以增进客户的满意度，同时还能为企业创造新的增长空间。

案例视频

7-15 抱怨投诉（客户抱怨售后服务态度差）处理技巧

提 示

销售顾问在工作中要保持主人翁意识和高度的责任心。尤其是客户提车后，不能认为自己的工作已结束，用车中出现的问题应由售后部门负责。售后服务质量会影响客户满意度，若客户对售后服务不满意，会对整个企业和产品都不满意。因此，当客户对销售顾问有售后方面的意见时，销售顾问要及时向相关部门和同事反馈，并监督改进，才会有利于企业发展。

2. 与投诉客户交谈的技巧

（1）以诚恳、专注的态度来听取客户对汽车产品、服务的意见。

（2）确认自己理解的事实是否与对方所说的一致。

（3）倾听时不可有防范心理，不要认为客户吹毛求疵，应认同客户的情感，对其不满情绪表示理解。

3. 处理投诉的原则

企业对客户投诉的处理结果直接关系到企业的营业能力。在投诉处理过程中，要把握如下原则。

（1）先处理心情，再处理事情。客户在开始陈述其不满时，往往都是一腔怒火，这时候如果马上处理事情，可能并不利于问题的解决。应在倾听过程中不断地表达歉意，同时允诺事情将在最短时间内解决，从而使客户逐渐平静下来。等客户的情绪稳定后，再平心静气地了解事情的具体情况，进行处理。

（2）不回避。发生问题后不能回避，因为回避只会将问题搁置而得不到解决，还有可能发生其他的意外而更不利于事情的解决。

（3）第一时间处理。当发生投诉后，应该以最快的响应速度处理投诉。

（4）找出原因，控制局面。企业要针对客户投诉，迅速查找出引起他们不满的真实原因，防止事态扩大，最终给出客户满意的处理结果。

（5）必要时请上级领导参与，运用团队的力量解决问题。

（6）在解决过程中，不做过度的承诺，应寻求共识，争取双赢。

4. 投诉的处理流程

恰当地处理投诉是最重要的售后服务，应按照有效的投诉处理程序进行，做好记录，分析原因，吸取教训。客户投诉处理的工作流程如图 7-3 所示。客户投诉处理报告如表 7-3 所示。

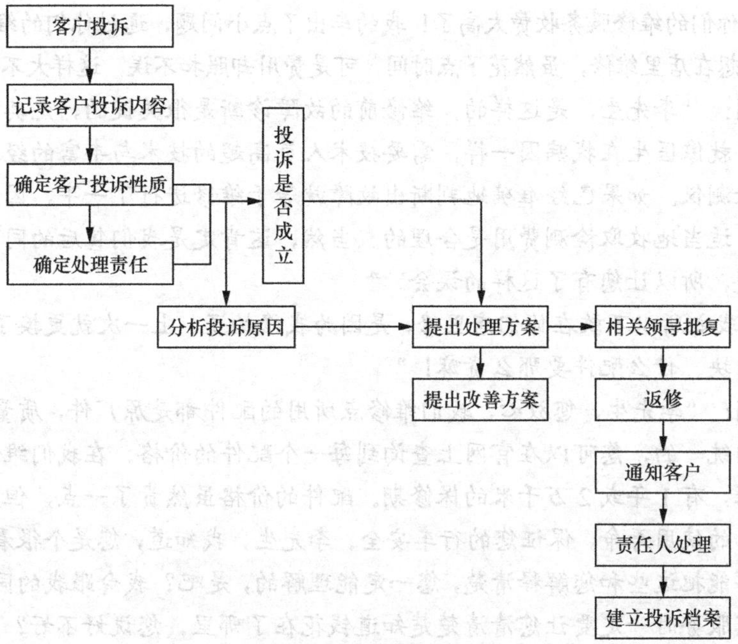

图7-3 客户投诉处理工作流程

表 7-3 客户投诉处理报告

投诉处理报告	报告人： 年 月 日
投诉受理日期	
投诉方式	来函□ 传真□ 电话□ 展厅来访□
投诉内容	
投诉见证人	
客户地址及联系方式	
处理紧急程度	特急□ 急□ 普通□

续表

承办人	
处理日期	
处理内容	
费用	
客户意见	
原因调查	
调查会议记录	
记载事项	
检讨	

案例

客户："你们的维修服务收费太高了！我的车出了点小问题，通过你们的维修检查找到了问题，但我不想在店里维修，虽然花了点时间，可是费用却照扣不误，这样太不合理了吧？"

销售顾问："李先生，是这样的，维修前的故障诊断是很关键的，尤其是不明显的一些车辆问题，就像医生在找病因一样，需要技术人员高超的技术与丰富的经验，同时还要用到专用的检测仪。如果已经准确地判断出故障就等于维修进行了一半，因此，按行业及厂家的规定，适当地收取检测费用是合理的。当然，这肯定是我们售后的同事们没有提前向您解释清楚，所以让您有了这样的误会。"

客户："我之所以不敢在你们店里修，是因为我修怕了。上一次就更换了几个小配件，花了我五千多块。什么配件要那么贵嘛！"

销售顾问："李先生，您放心，我们维修点所用的配件都是原厂件，质量是有保证的，价格也是全国统一的，您可以在官网上查询到每一个配件的价格。在我们维修点更换的配件有质量担保，有1年或2万千米的保修期。配件的价格虽然贵了一点，但是优质的配件可以延长整车的使用寿命，保证您的行车安全。李先生，我知道，您是个很看重品质的人，如果我的同事能把这些和您解释清楚，您一定能理解的，是吧？我会跟我的同事沟通一下，下一次在为您服务时一定要让您清清楚楚知道钱花在了哪里。您说好不好？"

客户："是呀，其实只要他们说明白了，我还是可以接受的嘛。"

【学生活动实训】

1．活动内容

模拟演练售后服务工作情景。

2．活动目的

掌握进行客户回访的方法。

3．活动步骤

（1）学生以两人为一个小组，分别扮演客户李先生和销售顾问小刘。

（2）销售顾问小刘对客户李先生进行售后三天回访，李先生表示对产品和服务都比较满意，小刘进行了使用和保养的提醒。情景话术自拟。

（3）角色轮换，确保每位成员能得到全方位的训练。

（4）教师进行指导并做出分析评价。

4. 活动评价

评价项目	是否达到活动目的（40%）	练习表现（40%）	职业素养（20%）
评价标准	① 完全达到 ② 基本达到 ③ 不能达到	① 积极参与 ② 参与主动性一般 ③ 不积极参与	① 大有提升 ② 略有提升 ③ 没有提升
自我评价（20%）			
组内评价（20%）			
组间评价（30%）			
教师评价（30%）			
总得分（100%）			

| 满满正能量 |

诚信经营

“诚信者，天下之结也。”诚信是一个人的立身之本，也是维护市场经济秩序的重要原则。

曾经，有媒体报出个别汽车企业的诚信经营情况不容乐观，存在虚假宣传、假冒伪劣、商业欺诈等不讲诚信的行为。企业缺乏诚信，制售质量不合格产品，不但影响自身长远发展，更威胁到人民的人身和财产安全，危及经济良性运行与社会和谐稳定。

市场主体讲诚信，可以降低交易成本，促进公平竞争，增强经济活动的可预期性，提高经济效率。正因为如此，诚信被视为市场经济的重要基石。对于企业来说，诚信既是必须践行的行为准则，也是能够为自己带来实际利益的无形资产，是赢得消费者和市场的可靠保证。

目前，我国已出台各种政策促进企业诚信经营，提高失信成本，让守信者处处受益，使失信者寸步难行。

请大家牢记坚持依法诚信经营、道德底线不可触碰、法律红线不可逾越，牢固树立以诚实守信为荣、以见利忘义为耻的思想，通过提供优质的产品和服务来赢得消费者的信任。

项目八 汽车衍生服务

随着社会经济的发展，汽车衍生服务逐渐发展成熟。汽车衍生服务是指围绕汽车的销售和使用过程中的主要服务而产生的一系列其他相关服务，其中，汽车消费信贷、汽车保险是目前已被普遍认可和广泛应用的两大服务类型。在本项目中我们将学习这两方面的内容。

任务一　汽车消费信贷服务

【课程导航】

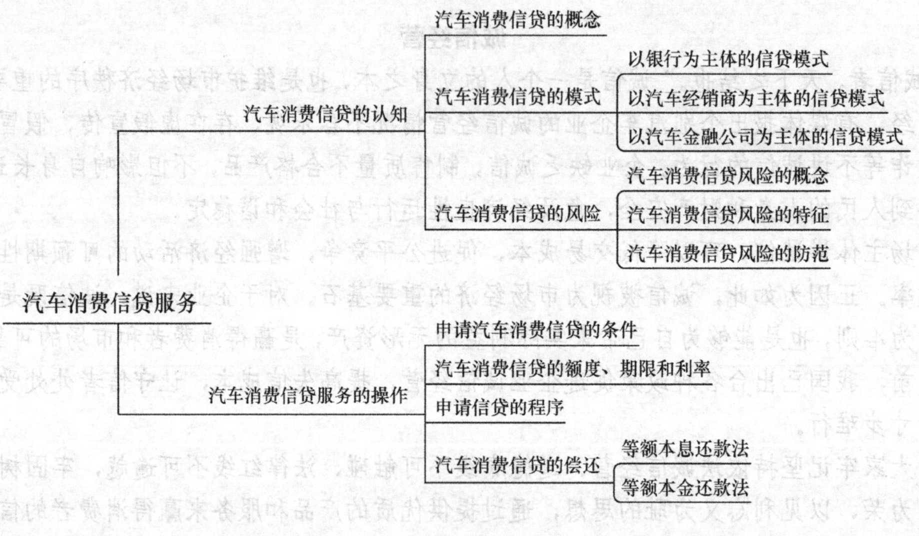

【学习目标】

- 知识目标

了解汽车消费信贷的概念和模式。

了解汽车消费信贷的额度、期限与利率。

掌握汽车消费信贷的偿还方法。

- 能力目标

能从事汽车消费信贷的代理工作。

【任务描述与分析】

任务描述：汽车销售顾问小刘的客户张先生表示对小刘推荐的车型和服务很满意，但是目前资金不足。

任务分析：销售顾问遇到客户资金不足的情况时，应向客户推荐汽车消费信贷服务。在推荐时，销售顾问需要向客户详细介绍汽车消费信贷的条件、额度、期限、利率、申请程序、偿还方法等相关知识。因此，销售顾问需要对汽车消费信贷的知识进行全面的了解和掌握。

【相关知识】

一、汽车消费信贷的认知

（一）汽车消费信贷的概念

1. 消费信贷

消费信贷是金融机构或零售商等贷款提供者向消费者提供的用于购买商品和服务的贷款，是消费者在资金不足的情况下，以贷款购买消费用品的一种特殊的消费方式。

微课视频

8-1 汽车消费信贷的认识

2. 汽车消费信贷

汽车消费信贷即各贷款提供者向消费者提供用于购买汽车产品的消费贷款，是消费信贷的一种形式。它可以使更多的消费者买得起汽车，使汽车企业的潜在客户不仅限于那些可以用现金支付的人。在我国，汽车消费信贷是指贷款人向申请购买汽车的借款人发放用于支付购车的款项，并由借款人分期向贷款人归还本息的一种消费贷款业务。

（二）汽车消费信贷的模式

我国目前的汽车消费信贷业务模式按照各主体在信贷业务过程中所承担的职责及其与消费者关联度的不同主要分为：以银行为主体的信贷模式、以汽车经销商为主体的信贷模式和以汽车金融公司为主体的信贷模式。

1. 以银行为主体的信贷模式

该模式中银行直接面对借款人，由银行直接对借款人进行信用评定，并与符合贷款条件的借款人签订消费信贷协议，借款人将会从银行设立的汽车消费信贷机构获得一定的购车贷款额度，用获得的贷款额度到汽车市场上选购自己满意的产品。

这种模式是比较传统的模式，可以充分发挥银行资金雄厚、网点分布较广及贷款利率低的优点。但这种模式存在以下三个方面的缺点。

（1）银行不能及时按照汽车市场的快速变化而提供相应的金融服务。

（2）借款人选择银行放贷必须通过担保公司做担保，这中间要承担比较高的手续费和支付一定金额的贷款保证金，因此借款人承担的费用较高。

（3）申请比较难，手续复杂，对借款人的要求比较严格，获贷率不高。

目前国内大多数的商业银行都提供了这种汽车贷款模式。虽然各家商业银行所提供的服务程序不完全一样，但对贷款的审批条件、审批程序以及担保抵押等大致相同。另外，这种方式对借款人和经销商有一定的要求，借款人必须是银行的客户，经销商必须是银行的合作经销商。

2. 以汽车经销商为主体的信贷模式

该模式由汽车经销商直接面对借款人，与借款人签订贷款协议，完成借款人的信用调查与评价。在这一模式中，经销商是整个业务的运作主体，它与银行和保险公司达成协议，负责与购车贷款有关的一切事务，借款人只需与一家经销商打交道即可。

该模式的优点在于实现了对借款人的全程服务，经销商能够根据市场变化推出更合适的金融服务。缺点在于经销商的资金来源和自身资产规模有限，资金成本较高，而且信贷业并非其主业，信贷业务经验相对较少。

3. 以汽车金融公司为主体的信贷模式

该模式是由汽车金融公司直接面对借款人，进行借款人的资信调查、担保、审批工作，向借款人提供分期付款服务。此模式与以银行为主体的模式运作基本一致，但放贷主体通常是汽车集团所有的汽车金融公司。

汽车金融公司的优势在于更加专业化，能够有效地连接汽车生产企业、商业企业和银行，并以金融业务为其主业，可以将银行和企业的优势较好地关联在一起，提供的车贷更灵活、更专业、更具有针对性，手续更为简便。劣势在于贷款利率通常比银行现行利率高。

提　示

汽车信贷服务对于调剂社会消费资金、刺激汽车消费需求、促进销售、扩大消费规模、加快资金流转等方面都发挥着至关重要的作用，目前已成为我国金融服务的重要组成部分。销售顾问要对消费信贷的相关政策有一定的认识和掌握。

（三）汽车消费信贷的风险

1. 汽车消费信贷风险的概念

汽车消费信贷风险指借款人到期不能或不履行还本付息协议，致使汽车金融机构遭受损失的可能性。它实际上是一种违约风险。

2. 汽车消费信贷风险的特征

汽车消费信贷风险是信贷风险的一种，一般表现为以下几个特征。

（1）客观性。只要有信贷活动存在，信贷风险就客观存在，也就是说，在现实的金融机构业务工作中，无风险的信贷活动根本不存在。

（2）隐蔽性。信贷本身的不确定性损失很可能因信用特点而一直被其表象所掩盖。

（3）扩散性。信贷风险发生所造成银行资金的损失，不仅影响金融机构自身的生存和发展，还会引起关联的链式反应。

（4）可控性。汽车金融机构依照一定的方法、制度可以对风险进行事前识别、预测，事中防范和事后化解。

3. 汽车消费信贷风险的防范

防范汽车消费信贷风险，可以从以下两方面入手。

（1）建立和完善个人信用制度体系。个人信用制度体系是指根据居民的家庭收入资产、已发生的借贷与偿还、信用透支、不良信用记录及所受处罚与诉讼情况，对个人信用等级进行评估并随时记录、存档，以便信用的供给方决定是否对其贷款和贷款多少的制度。

（2）增强操作风险监控意识。

① 强化流程管理。对现有流程进行检查和梳理，杜绝可能存在的漏洞。

② 加强防范汽车消费信贷操作风险的环境建设。提高商业银行的风险控制人员的控制意识，统一控制观念，使控制人员的责、权、利关系明确，形成有效的自发控制机制。

③ 建立健全操作风险的评估机制。进行风险评估主要是辨识和分析实现预定目标发生风险的可能性。

④ 强化贷前、贷中、贷后三阶段的审核监督力度。贷前调查阶段，保证信息完整和可靠。银行应主动搜集客户的信息，如道德品质情况、家庭状况、收入状况及有无不良信用记录等，为下一步的工作打好基础。贷中审批阶段，要采用定性和定量相结合的方法，首先，定性上应具备相应的资产、较高收入水平、足够的还款能力及信誉良好等硬性指标；其次，要有量化手段，如根据借款人收入、期限等差异分别评分，利用计算机模型对客户进行统计分析，最后综合加权作为审批的依据。加强贷后管理工作，对汽车贷款进行连续性监管。

音频

8-2 贷款前调查的内容

⑤ 建立后评价制度。所谓后评价指按照现行标准对以前发放的贷款进行重新评估、确认、弥补，减少因贷款评价不准确、信贷制度不落实、内部人员道德原因造成的信贷风险的措施，是立体式贷后管理的重要组成部分。

二、汽车消费信贷服务的操作

（一）申请汽车消费信贷的条件

只有在银行指定特约经销商处购买汽车的消费者才能申请汽车消费信贷。凡申请汽车消费信贷的消费者（自然人）必须具备以下条件。

音频

8-3 申请汽车消费信贷的条件

（1）必须年满 18 周岁，并且是具有完全民事行为能力的中国公民。

（2）必须有一份稳定的职业和比较稳定的经济收入或者拥有易于变现的资产。这样才能有按期偿还贷款本息的经济保障。“易于变现的资产”一般指有价证券和金银制品等。

（3）在申请贷款期间，在经办银行储蓄专柜的账户内存入不低于银行规定的购车首期款。

（4）向金融公司或当地银行提供被认可的担保。如果个人户口不在本地，还应提供合法财产用于设定质押或抵押，或者由银行、保险公司提供连带责任保证，银行不接受借款人以贷款所购买车辆设定的抵押。

（5）愿意接受银行或金融公司提出的认为必要的其他条件。

（二）汽车消费信贷的额度、期限与利率

1. 贷款额度

向银行或汽车集团的金融公司申请汽车消费信贷，有一定借款限额。借款人以国库券、金融债券、国家重点建设债券、银行出具的个人存单作质押，或银行、保险公司提供连带责任保证的，可以申请的贷款最高限额为所购买车价款的80%，即借款人必须在银行存入的首期款不能低于车款的20%。

音频

8-4 汽车消费信贷的期限

2. 贷款期限

借款人购买不同品牌的汽车可以申请贷款的期限不同，一般法人借款期限最长不超过3年（含3年），自然人最长不超过5年（含5年）。如果车辆是用于出租营运、汽车租赁、客货运输等经营用途的，最长不超过2年（含2年）。近几年，各家银行或汽车集团内的金融公司根据汽车消费信贷的需求、汽车销售情况、汽车寿命、价格和用户的资信状况等因素，对汽车消费信贷的期限做了不同的规定。

3. 贷款利率

借款人申请的汽车消费信贷利率均按中国人民银行的中长期贷款利率执行或上浮一定比例执行，并且随总行的利率调整。

（三）申请贷款的程序

微课视频

8-5 汽车消费信贷的程序

在我国，商业银行是目前开办汽车消费信贷业务的主要机构，占全部汽车贷款量的90%以上。本任务我们以商业银行为主要贷款机构，以自然人（个人消费者）为借款人介绍申请贷款的程序。

1. 咨询、选定车型，签订购车合同

借款人首先了解汽车消费信贷的一些相关事宜，然后选中满意的车型，与经销商谈好价格，并签订购车合同。

文本资源：汽车购车合同（样表）

甲方（卖方）：　　　　　　　　　　乙方（买方）：

甲、乙双方依据《合同法》及其他有关法律、法规的规定，在平等、自愿、协商一致的基础上，就买卖汽车事宜，签订本合同。

第一条 品牌名称：________型号：________颜色：________数量：________。

金额：________产地：________合计金额（大写）：________。

以上车价不含为车辆办理上牌手续、保险及车辆抵押等所需之各种税费，乙方不再承担任何加急费、手续费、运费、出库费及其他费用。

第二条 质量要求、技术标准

（一）本合同约定的车辆，其质量必须符合国家汽车产品标准，并符合生产厂家出厂检验标准，符合安全驾驶和说明书载明的基本使用要求。

（二）本合同约定的车辆，必须是经国家有关部门公布、备案的汽车产品目录上的产品或合法进口的产品，并能通过公安交通管理部门的检测，可以上牌行驶的汽车。

（三）双方对车辆质量的认定有争议的，以经国家授权的汽车检验机构出具的书面鉴定意见为处理争议的依据。

（四）甲方必须保证汽车为新车，保证汽车的外观没有任何损坏，不得出现掉漆、磨损等现象。

（五）甲方保证向乙方出售的车辆，在交给乙方使用前已作必要的检验和清洁。

第三条 付款方式

（一）定金

合同签订之日，乙方向甲方交纳定金____元人民币，如乙方不按约定履行本合同则无权要求返还定金，甲方不按约定履行本合同，应当双倍返还定金。定金日后抵为车款，但定金数额不得超过车款总额的20%。

（二）乙方选择下述第____种方式付款，并按该方式所定时间如期足额将车款支付给甲方:

1. 一次性付款方式

___年___月___日前，支付全部车款，计人民币____元，大写：__________。

2. 汽车消费信贷方式

（1）____年___月___日前，支付全部车款的___%，计人民币____元，大写：__________。

（2）余款计人民币____元，大写：__________，于____年___月___日前支付。

乙方可通过双方共同确定的金融机构办理汽车消费信贷支付余款。但如因乙方原因造成以下情况，视为乙方未按合同约定时间付款，应当向甲方承担违约责任。

A. 乙方未能在以上规定时间内办妥有关汽车消费信贷事宜（以实际发放贷款为准，非由于乙方原因造成的除外）。

B. 乙方未能在以上规定时间内足额办出贷款（非由于乙方原因的除外），且余额未按时自行补足支付。

第四条 交车时间、地点及提车方式

（一）交车时间：____年___月___日前。

（二）交车地点：______________。

（三）提车方式：乙方自提□ 甲方送车上门□

（四）交车时，汽车里程表数不得超过____千米。

（五）甲方在向乙方交付车辆时须同时提供以下物品。

1. 销售发票。

2.（国产车）车辆合格证或（进口车）海关进口证明及商品检验单。

3. 质量服务卡或保修手册。

4. 车辆使用说明书或用户使用手册（中文）。

5. 随车工具及备件清单。

经双方验收，签订车辆交接书。

第五条 车辆交付及验收方式

（一）车辆交接时当场验收，乙方应对所购车辆外观和基本使用功能等进行认真检查、确认。如对外观有异议，应当场向甲方提出。

（二）乙方验收车辆无误后，甲方向乙方交付汽车及随车文件，双方签署车辆交接书，即为该车辆正式交付。

（三）自车辆正式交付之时起，该车辆的风险责任由甲方转移至乙方。

第六条　售后服务

甲方承诺，为乙方提供以下售后服务。

（一）当汽车生产厂家不履行售后服务义务时，乙方可选择要求甲方履行相应义务。

（二）当汽车出现故障时，如甲方、生产厂家或二者委托的承担维修义务的第三方距发生故障地点超过____千米时，乙方有权就近选择其他具有资质的维修方修理。事后，乙方可凭发票要求甲方报销。

第七条　无效条款

甲方或生产厂家提供给乙方的说明书及其他材料中，排除或限制乙方权利、免除或减轻甲方责任的条款无效，无论该条款是否通知乙方。

第八条　关于修理、退货或更换的特别约定

（一）关于整车、零部件总成的保修期限执行生产厂家保修条款的规定。

（二）在上述保修期内车辆出现质量问题或需要保养，乙方应在生产厂家公布的或双方约定的维修站进行修理和保养。但发生第六条（二）事项时除外。

（三）在车辆使用1年或行驶2万千米内（以先到为准，下同），同一严重安全性能故障累计修理2次（以修理单据和发票为准，下同）仍未排除故障，或关键总成因质量问题累计更换2次后仍无法使用，乙方有权退车。

（四）在车辆使用1年或行驶2万千米内，同一关键零件或总成因质量问题，累计修理2次仍不能恢复使用；或由于质量问题及修理，使得该车停用的累计工作日超过60日（扣除进口零件进货在途时间）；或累计修理5次以上（不含5次）仍不能正常行驶，甲方应负责为乙方换车或退车。

（五）按照本条上述约定退车的，甲方应当负责为乙方按发票价格一次退清车款，但应减去乙方使用该车产生的合理折旧。

（六）非车辆质量问题发生交通事故而造成损坏的，或无有效发票的，或乙方不是消费者权益保护法所指的消费者，可免除本条上述第（三）项、第（四）项规定的甲方责任。

（七）由于人为破坏、使用或保养不当和疏忽造成的质量问题，或者由于装潢、改装不当造成的质量问题，或者到公布、约定以外的修理点进行修理造成的质量问题，由乙方自行承担后果。

（八）本合同签订后，国家如出台有关汽车产品修理更换退货的规定，双方应按国家规定执行。

（九）生产厂家的保修条款比本合同的约定更有利于乙方的，双方按生产厂家的规定执行。

第九条　违约责任

（一）一方迟延交车或迟延支付车款的，应每日按照迟延部分车款____%的标准向对方支付违约金。迟延超过十五日的，对方有权解除合同，并要求迟延方赔偿本合同价款的____%作为违约金。

（二）在____年__月__日前，甲方交付的汽车不符合说明书中表明的质量标准或本合同约定的标准，乙方有权要求甲方承担无偿修复、补偿损失或减少价款的违约责任。乙方也可以选择解除本合同，甲方应向乙方支付违约金____元人民币。乙方行使上述约定权利时，所发生的一切费用也由甲方承担。

（三）经国家授权的汽车检验机构鉴定，乙方所购汽车确实存在设计、制造缺陷，甲方可依据国家关于召回的法律法规协助汽车制造商主动召回有问题的车辆；由车辆缺陷所造成的人身和他人财产损害，乙方可向汽车制造商要求赔偿，也可向甲方要求赔偿。如乙方选择向汽车制造商赔偿，甲方有积极协助的义务。若该车有特殊的使用要求时，甲方应该明示告知，否则应承担相应赔偿责任。

（四）甲方不履行售后服务义务时，乙方有权要求甲方双倍赔偿乙方为维修汽车而花费的一切合理费用，包括但不限于维修费、购买汽车配件费、交通费等。

（五）因车身超重、尾气不合格等情况导致乙方无法上牌照，乙方有权退车并要求甲方承担违约金____元。违约金不足以弥补乙方损失的，乙方有权追偿。

（六）甲方有其他违约情形时，每有一次，应当向乙方支付违约金____元人民币，违约金不足以赔偿乙方损失的，乙方有权追偿。

第十条　不可抗力

（一）任何一方对由于不可抗力造成的部分或全部不能履行本合同不负责任。但迟延履行后发生不可抗力或发生不可抗力后没有采取补救措施和通知义务的，不能免除责任。

（二）遇有不可抗力的一方，应在3日内将事件的情况以书面形式（含传真、电子邮件、手机短信等形式）通知另一方，并在事件发生后10日内，向另一方提交合同不能履行或部分不能履行或需要延期履行理由的报告。

第十一条　解决争议的方式

合同发生纠纷，甲乙双方应协商解决，也可向有关部门申请调解，协商或者调解不成时约定采取下列第____种方式解决。

（一）向仲裁委员会申请仲裁。（二）依法向乙方所在地人民法院起诉。

第十二条　双方特别约定

经双方协商，甲方为乙方：

（一）代办保险□　　（二）代办按揭□　　（三）代办上牌服务□

第十三条　其他

（一）双方地址、电话若有改变，应在变更之日起3日内以书面形式通知对方，因一方迟延通知而造成损失的，由过错方承担责任。

（二）本合同的未尽事宜及需变更的事宜，双方应通过订立补充条款或补充协议进行约定。本合同的补充条款、补充协议及附件均为本合同不可分割的部分。

（三）本合同的金额应当同时以大、小写表示，大小写数额应当一致。不一致的，以大写为准。

（四）违约方应当承担守约方为进行仲裁/诉讼而支出的一切合理费用，包括但不限于律师费、仲裁费用/诉讼费用、差旅费。

（五）其他约定条款。

第十四条　合同的生效

本合同自双方签字或盖章之日起生效，本合同一式__份，双方各执一份，具有同等法律效力。

甲方（签章）:　　　　　　　　　　乙方（签章）:
住所:　　　　　　　　　　　　　　住所:
证照种类及号码:　　　　　　　　　证照种类及号码:
代理人:　　　　　　　　　　　　　代理人:
联系电话:　　　　　　　　　　　　联系电话:
签约日期:　　　　　　　　　　　　签约地点:

2. 提出贷款申请

借款人签订购车合同后，填写汽车消费信贷申请书“汽车消费信贷申请表”（见表 8-1）、资信情况调查表，并连同个人情况的相关证明一并提交贷款银行。

表 8-1　　××银行个人汽车消费信贷申请表（样表）

<table>
<tr><th colspan="6">填表人信息</th></tr>
<tr><td colspan="6">□申请人　□共同申请人　□担保人（与借款申请人关系　□配偶　□父母　□子女　□其他＿＿）</td></tr>
<tr><td colspan="2">中文姓名</td><td colspan="2">出生日期＿＿年＿＿月＿＿日</td><td colspan="2">性别　□男　□女</td></tr>
<tr><td colspan="4">身份证件类型　□居民身份证　□护照　□户口簿　□军官证　□其他＿＿＿＿</td><td colspan="2">身份证件号码</td></tr>
<tr><td colspan="2">户籍所在地</td><td colspan="4">婚姻状况　□未婚　□已婚　□丧偶　□离异</td></tr>
<tr><td colspan="4">最高学历　□硕士及以上　□本科　□大专　□高中或同等职业教育　□高中以下</td><td colspan="2">是否有驾驶证　□有　□无</td></tr>
<tr><td colspan="3">现住房情况　□自有住房　□按揭住房　□与父母同住　□租房　□其他</td><td>现住房面积＿＿平方米</td><td colspan="2">现住房居住时间＿＿年</td></tr>
<tr><td colspan="5">现住房地址　＿＿＿＿省（市）＿＿＿＿市＿＿＿＿区（县）＿＿＿＿＿＿＿＿</td><td>邮编</td></tr>
<tr><td colspan="6">个人联系方式　□固定电话＿＿＿＿＿＿　□移动电话＿＿＿＿＿＿　E-mail 地址＿＿＿＿＿＿</td></tr>
<tr><td>职业</td><td colspan="5">□政府官员、公务员　□专业人员　□企业高中级主管　□军官　□企业负责人、股东　□企业基层主管、半专业人员　□警察、消防员　□操作人员　□现役军人　□技能工作者、文艺工作者　□个体商店老板　□一般工人　□业务人员　□售货人员　□无技术工人　□保安、司机、服务员、外送人员　□农林牧渔人员　□清洁人员　□摊贩　□实习生　□退休　□家庭主妇　□学生　□失业</td></tr>
<tr><td>所处行业类别</td><td colspan="5">□金融　□国际组织、行政机关及事业单位　□电力、电信、通信、能源　□燃气、水业　□信息传输、计算机服务和软件业　□房地产　□房地产中介　□卫生、社会保障和社会福利　□科学研究、技术服务　□文化、体育、娱乐　□教育　□公共管理和社会组织　□咨询服务　□交通运输、仓储、邮政　□烟草制造、医药制造、金属制造、交通运输设备制造、通信设备及计算机制造　□其他制造业　□水利、环境和公共设施管理　□烟草制品批发、医药及医疗器材批发、超级市场零售　□其他批发零售　□住宿和餐饮业　□地质勘查业　□公共管理和社会组织　□采矿业　□建筑业　□租赁和商业服务业　□居民服务和其他服务业　□农林牧渔业　□各行业非正式编制员工</td></tr>
<tr><td colspan="4">现单位名称</td><td colspan="2">现单位工龄＿＿年＿＿月</td></tr>
<tr><td colspan="3">所在部门</td><td>办公电话</td><td colspan="2">单位人事部门电话</td></tr>
<tr><td colspan="5">现单位地址＿＿＿＿省（市）＿＿＿＿市＿＿＿＿区（县）</td><td>邮编</td></tr>
<tr><td colspan="2">月均收入＿＿＿＿＿＿元</td><td colspan="3">其他月收入＿＿＿＿＿＿元</td><td>供养人数＿＿人</td></tr>
<tr><td colspan="4">家庭负债　□住房贷款＿＿＿元　□其他贷款名称及金额＿＿＿＿＿＿</td><td colspan="2">月固定支出总额＿＿＿元</td></tr>
<tr><td colspan="6">通讯地址　请将有关信息寄往本人的　□现住房地址　□现单位地址</td></tr>
<tr><td>配偶姓名</td><td colspan="2">身份证件类型</td><td colspan="2">身份证件号码</td><td>电话号码</td></tr>
<tr><th colspan="6">车辆及贷款信息</th></tr>
<tr><td colspan="2">购车用途　□家用　□其他＿＿＿＿</td><td colspan="2">购车品牌</td><td colspan="2">购车型号</td></tr>
</table>

续表

车辆价格________元	变速器　□自动挡　□手动挡	发动机排量________L	
申请贷款金额________元		贷款期限________月	
首付款比例____%或首付款金额________元		还款周期　□月　□季　□其他________	
还款方式　□等额本息还款　□等额本金还款　□其他________			
借款申请人及配偶、共同申请人、担保人之声明			
1．以上申请表内所提供的资料及其所附资料全部属实，本人承担因填写不实所引致的一切法律责任。2．借款申请人及其配偶知悉并承认以此申请表作为借款申请人向××银行（以下简称“银行”）申请汽车贷款的依据，且本申请表及所附资料复印件可留存银行，无须退还。3．担保人及其配偶知悉并承认以此申请表作为同意为本贷款提供担保的依据，且本申请表及所附资料复印件可留存银行，无须退还。4．本人授权银行向有关方面咨询并保存本人各项详情，并授权银行在授权之日起到该笔贷款结清日止向中国人民银行个人信用信息基础数据库查询本人信用报告并报送本人信用信息。5．本借款申请仅用于银行采集本人资信信息，用于信用分析，不作其他用途。6．经银行审查，因不符合规定的借款条件而未予受理时，本人无异议。7．借款申请人保证在取得银行贷款后，按时足额偿还贷款本息。8．借款申请人同意银行给予本贷款的任何担保人（保证人）有关本贷款的协议书、催收函的副本，及应保证人要求给予本贷款的结单。9．本人同意接收有关贷款的短信。			
借款人（及其配偶）签名		签字日期	
共同申请人/担保人签名		签字日期	
见证客户经理	见证客户经理	见证日期	复核人：

3．银行进行贷前调查和审批

对于符合贷款条件的，银行会及时通知借款人向信贷部门提供以下资料。

（1）居民身份证、户口簿等身份证明文件，已婚者还须提供配偶的身份证明。

（2）借款人收入证明。

（3）借款人与特约经销商所签订的购车合同或协议。

（4）抵押物、质押物的相关文件。

（5）金融公司或银行所需的其他相关材料。

4．审核合格，办理手续

银行受理借款人的借款申请后，就开始对借款和保证人的资信情况、材料的真实性、偿还能力、还款方式进行调查，银行信贷部门审查合格后报上级审批。同意贷款的，通知借款人签订“汽车消费信贷合同”，办理担保、抵押、保险等手续。

5．银行发放贷款

由银行直接划转到汽车经销商指定的账户中。

6．提车，按期还款

借款人交给汽车经销商首付款，办理提车手续，在贷款期间按照借款合同的约定偿还贷款本息。

7．还清贷款

还清贷款后在一定的期限内去相关部门办理抵押登记注销手续。

（四）汽车消费信贷的偿还

目前比较常用的贷款还款方法有两种：等额本息还款法和等额本金还款法。具体采用哪种还款方法，需要客户和银行（或金融公司）协商而定。

微课视频

8-6　汽车消费信贷的偿还

1. 等额本息还款法

现在汽车消费信贷更多的是选择等额本息还款法，即按月等额归还本金和利息的还款法，即每月以相等的金额偿还贷款本金和利息的和。

因此，在贷款初期每月的还款中，剔除按月结清的利息后，所还的贷款本金就较少；而在贷款后期因贷款本金不断减少、每月的还款额中贷款利息也不断减少，每月所还的贷款本金就较多。这种还款方式，由于每月的还款额相等，因此便于借款人合理安排每月的生活和进行理财。

2. 等额本金还款法

等额本金还款法又称为递减还款法，是指按月平均归还借款本金（等额偿还本金），借款利息逐月结算还清的还款方法。

等额本金还款法的特点是本金在整个还款期内平均分摊，利息则按贷款本金余额逐期计算，每月还款额在逐渐减少，但偿还本金的数额是保持不变的，较适用于还款初期还款能力强，并希望在还款初期归还较大款项来减少利息支出的借款人。

【学生活动实训】

1．活动内容

模拟演练汽车消费信贷代理服务工作情景。

2．活动目的

通过汽车消费信贷代理服务工作，培养学生解决实际问题的能力。

3．活动步骤

（1）学生以两人为一个小组，分别扮演客户张先生和销售顾问小刘。

（2）销售顾问小刘向客户张先生介绍汽车消费信贷额度、利率、期限、程序、还款方式。

（3）角色轮换，确保每位成员能得到全方位训练。

（4）教师进行指导并做出分析评价。

4．活动评价

评价项目	是否达到活动目的（40%）	练习表现（40%）	职业素养（20%）
评价标准	① 完全达到 ② 基本达到 ③ 不能达到	① 积极参与 ② 参与主动性一般 ③ 不积极参与	① 大有提升 ② 略有提升 ③ 没有提升
自我评价（20%）			
组内评价（20%）			
组间评价（30%）			
教师评价（30%）			
总得分（100%）			

任务二　汽车保险代理服务

【课程导航】

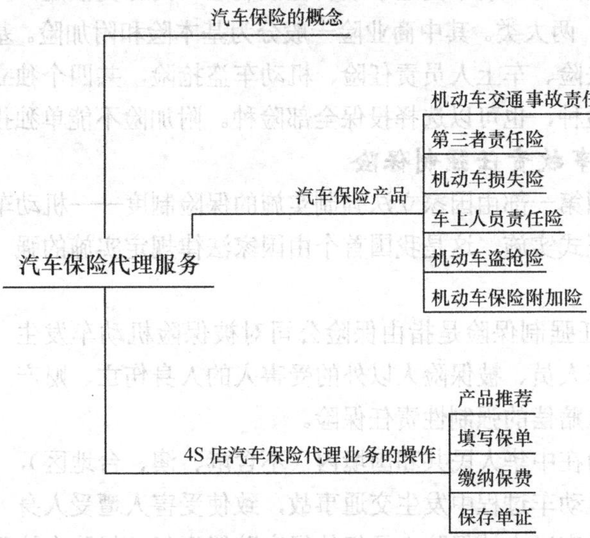

【学习目标】

- 知识目标

了解汽车保险的概念。

掌握各种汽车保险产品的内容。

- 能力目标

能从事汽车保险的代理工作。

【任务描述与分析】

任务描述：汽车销售顾问小刘的客户张先生顺利买到了新车，张先生对本店的服务很满意。小刘继续为张先生推荐本店的其他衍生产品和服务，即汽车保险。

任务分析：销售顾问应向客户介绍本企业的保险代理业务，并根据客户的具体情况为客户设计适合的保险方案，介绍各种保险产品的具体内容。经客户同意后，为客户办理汽车保险代理业务。

【相关知识】

一、汽车保险的概念

汽车保险能够切实保障被保险人和交通事故受害者在汽车发生保险责任事故，造成车辆本身损失及第三者人身伤亡和财产损坏时，及时得到经济补偿，最大限度地减少因事故所造成的损失，并能够促使交通事故损害赔偿纠纷得到及时解决，促进社会的稳定与和谐。

微课视频

8-7 车险险种的选择

二、汽车保险产品

我国的机动车辆保险分为机动车交通事故责任强制险（简称交强险）和非强制险种（商业险） 两大类。其中商业险一般分为基本险和附加险。基本险包括商业第三者责任险、机动车损失险、车上人员责任险、机动车盗抢险，共四个独立的险种，投保人可以选择投保其中部分险种，也可以选择投保全部险种。附加险不能单独投保。

（一）机动车交通事故责任强制保险

2006 年 7 月 1 日我国第一部由国家立法强制实施的保险制度——机动车交通事故责任强制保险（交强险制度）正式实施。这是我国首个由国家法律规定实施的强制保险制度。

微课视频

8-8 交通事故责任强制保险

机动车交通事故责任强制保险是指由保险公司对被保险机动车发生道路交通事故造成除本车人员、被保险人以外的受害人的人身伤亡、财产损失，在责任限额内予以赔偿的强制性责任保险。

交强险的保险责任为在中华人民共和国境内（不含港、澳、台地区），被保险人在使用被保险机动车过程中发生交通事故，致使受害人遭受人身伤亡或者财产损失，依法应当由被保险人承担的损害赔偿责任，保险人按照交强险合同的约定对每次事故在赔偿限额内负责赔偿。具体限额如下。

（1）死亡伤残赔偿限额为 110000 元。

（2）医疗费用赔偿限额为 10000 元。

（3）财产损失赔偿限额为 2000 元。

（4）被保险人无责任时，无责任死亡伤残赔偿限额为 11000 元；无责任医疗费用赔偿限额为 1000 元；无责任财产损失赔偿限额为 100 元。

死亡伤残赔偿限额和无责任死亡伤残赔偿限额项下负责赔偿丧葬费、死亡补偿费、受害人亲属办理丧葬事宜支出的交通费用、残疾赔偿金、残疾辅助器具费、护理费、康复费、交通费、被扶养人生活费、住宿费、误工费，以及被保险人依照法院判决或者调解承担的精神损害抚慰金。

医疗费用赔偿限额和无责任医疗费用赔偿限额项下负责赔偿医药费、诊疗费、住院费、住院伙食补助费，以及必要合理的后续治疗费、整容费、营养费。

（二）第三者责任险

微课视频

8-9 第三者责任险

机动车第三者责任险的保险责任是指在保险期间内，被保险人或其允许的合法驾驶人在使用被保险机动车过程中发生意外事故，致使第三者遭受人身伤亡或财产直接损毁，依法应由被保险人支付的赔偿金额，保险人依照合同约定，对于超过交强险各分项赔偿限额以上的部分负责赔偿。合同中的第三者是指因被保险机动车发生意外事故致使除投保人、被保险人、保险人和车上人员以外的遭受人身伤亡或者财产损失的人。

事故的责任限额，由投保人和保险人在签订保险合同时按保险监管部门批准的限额档次协商确定。第三者责任险的责任限额分为 8 个档次，即 5 万元、10 万元、15 万元、20 万元、30 万元、50 万元、100 万元及 100 万元以上。

（三）机动车损失险

微课视频

8-10 机动车损失险

机动车损失险的保险标的是车辆本身，包括以动力装置驱动或者牵引，上道路行驶的供人员乘用或者用于运送物品以及进行专项作业的轮式车辆（含挂车）、履带式车辆和其他运载工具，但不包括摩托车、拖拉机、特种车。

机动车损失险的保险责任是指被保险人或其允许的合格驾驶人员在使用保险车辆过程中，车辆因碰撞、倾覆、火灾、爆炸等非免赔事项，造成保险车辆本身损坏或毁灭，保险人负赔偿责任。

（四）车上人员责任险

微课视频

8-11 车上人员责任险

车上人员是指发生意外事故的瞬间，在保险车辆车体内的人员，包括正在上下车的人员。

它的保险责任为，保险期内，被保险人或其允许的合格驾驶人在使用被保险机动车过程中发生意外事故，致使车上人员遭受人身伤亡，依法应当由被保险人承担的损害赔偿责任，保险人依照保险合同的约定负责赔偿。

驾驶人每次事故责任限额和乘客每次事故每人责任限额由投保人和保险人在投保时协商确定。投保乘客座位数按照被保险机动车的核定载客数（驾驶人座位除外）确定。

（五）机动车盗抢险

微课视频

8-12 机动车盗抢险

机动车盗抢险的保险责任是指在保险期间内，因下列原因造成保险车辆的损失或发生的合理费用，保险人按照本保险合同的规定在保险金额内负责赔偿。

（1）车辆被盗窃、抢劫、抢夺，经出险当地县级以上公安刑侦部门立案证明，满 60 天未查明下落的全车损失。

（2）全车被盗窃、抢劫、抢夺后，受到损坏或车上零部件、附属设备丢失需要修复的合理费用。

（3）在被抢劫、抢夺过程中，车辆受到损坏需要修复的合理费用。

（六）机动车保险附加险

微课视频

8-13 附加险

1. 玻璃单独破碎险条款

本保险是车辆损失险的附加险，已投保车辆损失险的车辆方可投保本附加险。在保险期内，保险车辆在使用过程中发生本车风窗玻璃或车窗玻璃单独破碎，保险人按实际损失赔偿。

2. 车身划痕损失险条款

本保险是车辆损失险的附加险，已投保车辆损失险的车辆方可投保本附加险。在保险期内，保险车辆发生无明显碰撞痕迹的车身表面油漆单独划伤，保险人根据本合同的规定按实际损失负责赔偿。

3. 自燃损失险条款

本保险是车辆损失险的附加险，已投保车辆损失险的车辆方可投保本附加险。保险期内，保险车辆在使用过程中，因本车电器、线路、油路、供油系统、供气系统、货物自身发生问题，机动车运转摩擦起火引起火灾，造成保险车辆损失，以及被保险人在发生本保险事故时，为减少保险车辆损失所支出的必要合理的施救费用，保险人负责赔偿。

4. 基本险不计免赔率特约条款

经特别约定，保险事故发生后，按照投保人选择投保的商业第三者责任保险、车辆损失险或车上人员责任险的事故责任免赔率计算的，或按照全车盗抢险的绝对免赔率计算的，应当由被保险人自行承担的免赔金额部分，保险人负责赔偿。

5. 其他附加险

除上述附加险外，客户还可以选择车辆停驶损失险、代步车费用险、新增加设备损失险、车上货物责任险、车载货物掉落责任险等。

三、4S 店汽车保险代理业务的操作

4S 店在对客户需求进行充分分析的基础上，可以代理汽车保险投保业务。保险代办业务流程如下所述。

（一）产品推荐

销售顾问根据整车销售对客户的了解，针对性地向客户推介车辆保险并提供保险方案，并向客户说明保险相关注意事项以及保险条款相应权利义务。

微课视频

8-14 汽车保险的投保

（二）填写保单

保险专员提供投保单（见表 8-2），销售顾问指导客户填写投保单。投保单应当由客户自己填写，做到如实告知。销售顾问不得诱导客户，做出隐瞒等行为。确定保险后结算保险费并出具保险单。

表 8-2　　机动车辆保险投保单（样表）

欢迎您到××财产保险有限责任公司投保！在您填写本投保单前请先详细阅读“机动车交通事故责任强制保险条款”及我公司的机动车辆保险条款，阅读条款时请您特别注意各个条款中的保险责任、责任免除、投保人义务、被保险人义务等内容并听取保险人就条款（包括责任免除条款）所做的说明。您在充分理解条款后，再填写本投保单各项内容（请在需要选择的项目前的“□”内画✓表示）。为了合理确定投保机动车的保险费，并保证您获得充足的保障，请您认真填写每个项目，确保内容的真实可靠。您所填写的内容我公司将为您保密。本投保单所填内容如有变动，请及时到我公司办理变更手续。

<table>
<tr><td rowspan="3">投保人</td><td>投保人名称/姓名</td><td colspan="3"></td><td>投保机动车数</td><td>辆</td></tr>
<tr><td>联系人姓名</td><td></td><td>固定电话</td><td></td><td>移动电话</td><td></td></tr>
<tr><td>投保人住所</td><td colspan="3"></td><td>邮政编码</td><td>□□□□□□</td></tr>
<tr><td rowspan="6">被保险人</td><td colspan="2">□自然人姓名：</td><td>身份证号码</td><td colspan="3">□□□□□□□□□□□□□□□□□□</td></tr>
<tr><td colspan="6">□法人或其他组织名称：</td></tr>
<tr><td colspan="2">组织机构代码</td><td colspan="2">□□□□□□□□□</td><td>职业</td><td></td></tr>
<tr><td colspan="2">被保险人单位性质</td><td colspan="4">□党政机关、团体 □事业单位 □军队（武警） □使（领）馆
□个体、私营企业 □其他</td></tr>
<tr><td colspan="2">联系人姓名</td><td>固定电话</td><td></td><td>移动电话</td><td></td></tr>
<tr><td colspan="2">被保险人住所</td><td colspan="2"></td><td>邮政编码</td><td>□□□□□□</td></tr>
</table>

续表

投保机动车情况	被保险人与机动车的关系	□所有 □使用 □管理		行驶证车主			
	号牌号码		号牌底色	□蓝 □黑 □黄 □白 □白蓝 □其他颜色			
	厂牌型号		发动机号				
	VIN 码			车架号			
	核定载客	人	核定载质量	kg	排量/功率 L/ kW	整备质量	kg
	初次登记日期	年 月 日	已使用年限	年	年平均行驶里程	km	
	车身颜色	□黑色 □白色 □红色 □灰色 □蓝色 □黄色 □绿色 □紫色 □粉色 □棕色 □其他颜色					
	机动车种类	□客车 □货车 □客货两用车 □挂车 □低速货车和三轮汽车 □侧三轮 □摩托车（不含侧三轮） □兼用型拖拉机 □运输型拖拉机 □特种车（请填用途）：__________。					
	机动车使用性质	□家庭自用 □非营业用（不含家庭自用） □出租/租赁 □城市公交 □公路客运 □旅游客运 □营业性货运					
	上年是否在本公司投保商业机动车保险			□是 □否			
	行使区域	□中国境内 □省内行驶 □场内行驶 □固定路线 具体路线：____________________。					
	是否为未还清贷款的车辆	□是 □否		上一年度交通违法记录	□有 □无		
	上次赔款次数	□交强险赔款次数____次 □商业机动车保险赔____次					
车损险与车身划痕险选择汽车专修厂		□是 □否					
投保主险条款名称							
指定驾驶员	姓名	驾驶证号码			初次领证日期		
驾驶人员 1		□□□□□□□□□□□□□□□□□□□□□□					
驾驶人员 2		□□□□□□□□□□□□□□□□□□□□□□					
保 险 期 间		________年____月____日零时起至________年____月____日二十四时止					

投保险种		保险金额/责任限额（元）	保险费（元）	备注
□机动车交通事故责任强制保险				
□机动车损失险，新车购置价________元				
□商业第三者责任险				
□车上人员责任险	驾驶____人	/人		
	乘客人数____人	/人		
	乘客人数____人	/人		
□全车盗抢险				
□附加玻璃单独破碎险	□国产玻璃			
	□进口玻璃			
□附加停驶损失险：日赔偿金额 元× 天				
□附加自然损失险				
□附加火灾、爆炸、自燃损失险				

续表

投保险种			保险金额/责任限额（元）	保险费（元）	备注
□附加新增加设备损失险					
□附加车上货物责任险					
□附加车身划痕险					
□附加不计免赔率特约	适用险种	□机动车损失险			
		□第三者责任险			
		□车上人员责任险			
		□全车盗抢险			
		□车身划痕险			
□附加可选免赔额特约			免赔金额：		
保险费合计　（人民币大写）				（¥　　元）	
特别约定					
保险合同争议解决方式选择	□诉讼	□提交________仲裁委员会仲裁			

本保险合同由保险条款、投保单、保险单、批单和特别约定组成。

投保人声明：保险人已将投保险种对应的保险条款（包括责任免除部分）向本人作了明确说明，本人已充分理解；上述所填写的内容均属实，同意以此投保单作为订立保险合同的依据。

投保人签名/签章：

________年____月____

验车验证情况	□已验车 □已验证　查验人员签名：________年____月____日____时____分		
初审情况	业务来源：□直接业务 □个人代理 □专业代理 □兼业代理 □经纪人 □网上业务 □电话业务 代理（经纪）人名称： 上年度是否在本公司承保：□是　□否 业务员签字：　年　月　日	复核意见	复核人签字：　年　月　日

注：阴影部分内容由保险公司业务人员填写。

（三）缴纳保费

销售顾问根据车辆合格证复印件、客户身份证复印件到保险柜台代客户购买保险。

（四）保存单证

提醒客户保存好相关单据，让客户留下自己的联系方式，并说明保险理赔业务一般办理流程及应急处理方法。

提　示

保险合同约定的保险事故发生后，被保险人（投保人、受益人）提出赔偿给付保险金请求，保险人按合同履行赔偿或给付保险金的行为过程，被称为保险理赔。保险理赔人员在处理理赔案件时，必须遵循“主动、迅速、准确、合理”的原则，尊重客观事实，严格按照合同条款规定进行处理。

【学生活动实训】

1．活动内容

模拟演练汽车保险代理服务工作。

2．活动目的

通过汽车保险代理服务工作，培养学生解决实际问题的能力。

3．活动步骤

（1）学生以两人为一个小组，分别扮演客户张先生和销售顾问小刘。

（2）销售顾问小刘向客户张先生设计和推荐合理的汽车保险方案，并介绍和解释各种汽车保险产品。

（3）角色轮换，确保每位成员能得到全方位训练。

（4）教师进行指导并做出分析评价。

4．活动评价

评价项目	是否达到活动目的（40%）	练习表现（40%）	职业素养（20%）
评价标准	① 完全达到 ② 基本达到 ③ 不能达到	① 积极参与 ② 参与主动性一般 ③ 不积极参与	① 大有提升 ② 略有提升 ③ 没有提升
自我评价（20%）			
组内评价（20%）			
组间评价（30%）			
教师评价（30%）			
总得分（100%）			

满满正能量

树立法制观念

国无法不治，民无法不立。法治是治国理政的基本方式，是党和国家长治久安的重要保障，每个人都有责任、有义务自觉遵守法律，严格依法办事。

全面依法治国，要提高全民族法治素养。我们要牢固树立法制观念，认真学习法律知识，做尊法、学法、守法、用法的好公民。做尊法的模范，带头尊崇法治、敬畏法律；做学法的模范，带头了解法律、掌握法律；做守法的模范，带头遵纪守法、捍卫法治；做用法的模范，带头厉行法治、依法办事。

参考文献

[1] 陈姣. 汽车销售人员超级口才训练：汽车销售人员与客户的 83 次沟通实例[M]. 北京：人民邮电出版社，2010.

[2] 李杰，尹爱华. 汽车营销基础与实务[M]. 北京：北京出版社，2014.

[3] 裘文才. 汽车营销[M]. 上海：华东师范大学出版社，2012.

[4] 曾金凤，徐磊. 汽车营销实务[M]. 北京：北京理工大学出版社，2014.

[5] 赵晓东，胡伟. 汽车消费心理学[M]. 北京：北京理工大学出版社，2010.

[6] 李晓霞，刘剑. 消费心理学[M]. 北京：北京大学出版社，2010.

[7] 贾妍，陈国胜. 消费心理学[M]. 北京：清华大学出版社，2010.

[8] 周斌. 消费心理学[M]. 北京：清华大学出版社，2017.

[9] 王涛. 网络营销实务[M]. 北京：机械工业出版社，2016.

[10] 惠亚爱，乔晓娟. 网络营销实务[M]. 北京：中国人民大学出版社， 2018.

[11] 张程武，林海青. 电子商务基础与实务[M]. 北京：清华大学出版社，2017.

[12] 石虹，胡伟. 汽车营销礼仪[M]. 北京：北京理工大学出版社，2012.

[13] 陈光谊. 现代实用社交礼仪[M]. 北京：清华大学出版社，2014.